더 나은 삶을 꿈꾸는
모든 이들을 위해

아트스탁 대표이사
김 진 호 드림

아트테크&아트스탁 이야기

더 나은 삶을 위한 미술투자

※ 이 책에는 아트스탁 소속1기 상장작가분들의 작품들이 수록되어 있습니다.
※ 이 책은 저작권법에 따라 보호받는 저작물이므로 무단전재와 복제를 금합니다.

아트테크&아트스탁 이야기
더 나은 삶을 위한
미술투자

김진호, 이시우 지음

이 책에 쏟아진 찬사

김진호 아트스탁 대표의 책은 단순히 예술 투자법을 가르치진 않는다. 읽어보니 21세기 판 칼 마르크스의 『공산당 선언』이다. 19세기 독일의 학자인 마르크스는 산업혁명 이후 정치적 세력으로 등장한 프롤레타리아가 억압과 핍박을 받은 현실에 문제 의식을 느낀 뒤 그들에게 역사적 사명과 해방의 앞길을 밝히고자 이 책을 썼다.

김 대표 역시 이 책을 통해 대표가 아트스탁을 통해 세상에 전혀 다른 길을 보여주고자 한다. 그는 날로 발전하는 온라인의 뉴테크놀로지를 예술과 접목해 전혀 다른 경제의 판을 깔고자 한다. 새로운 자산을 창조해 불평등의 농도를 최대한 엷게 만드는 게 그의 바람일 거다.

물론 마르크스가 꿈꾸는 『공산당 선언』의 이상은 역사에서 실패로 끝났다. 하지만 김 대표의 아트스탁은 무한한 잠재력을 품은 진행형이다. 소수의 파인아트를 다수의 파인아트로 확장하면서 낡은 질서에 꽉 막힌 MZ 세대에게 숨통을 터주고, 팍팍한 삶에 예술의 윤기를 더해주며, 창작의 샘이 흘러넘치는 그날이 오기를 바란다.

_ 이철재, 중앙일보 안보연구소장

1998년 닷컴 붐이 전 세계로 확산되던 시절, 세계 최대의 CPU 메이커인 인텔의 앤디 그로브 당시 회장이 한국의 젊은 벤처 사업가를 지목하여 미디어에 언급했다. 설립한지 채 2년이 안된 골드뱅크라는 회사가 인터넷 공모를 통해 10억 원의 자금을 모집하는데 성공을 한 세계 최초의 사례를 눈여겨본 것이다. 그 주인공인 김진호 대표는 연이어서 1999년 상호신용금고 인수를 통한 인터넷 사이버금융 최초 시도, 벤처기업 최초 프로 농구단 인수 등 패기와 열정이 넘치는 젊은 사업가로 스스로를 자리매김하였다. 하지만 승승장구의 길목에 인생의 냉엄한 암초들이 기다리고 있었고 성공은 영원하지 않았다. 살아있는 것이 성공이라고 얘기하는 김진호 대표는 그 후 쿠팡의 물류센터에서 일을 하며 원대한 미래에 대한 꿈을 다시 꾼다. 이익을 보여주는 단순한 숫자를 넘어, 독창적인 전략적 콘셉트가 있는, 그리고 더 나아가 이 사회가 공존할 수 있는 철학을 담은 획기적인 사업 계획이다. 그리고 그 철학을 이 책에 고스란히 담았다.

　이 책은 IMF 외환위기 속에서 성장기를 보낸 MZ 세대들에게 예술품 감상과 함께 자산 획득이 가능한 현실적인 방법을 알려준다. 더 나아가 우리 사회에 퍼져 있는 자산 편중에 따른 불평등 현상을 완화할 수 있는 실질적인 대안을 제시해 준다. 김진호 대표의 오랜 사업 경험을 통해 얻게 된 유동성의 중요성을 근간으로 일반인 누구라도 미술품의 지분을 쉽게 사고팔며, 조각으로 소유할 수 있게 하는 세계 최초의 상설 플랫폼인 아트스탁이 바로 그것이다. 아트스탁은 작가와 작품이 미술시장에서 공정하고 올바르게 평가받고, 대중들이 예술작품을 직접 소유해 그 가치를 즐길 수 있게 하겠다는 김진호 대표의 철학과 땀의 결정체이다. 르네상스를 가능하게 했던 메디치 가문의 노력을 기억하는 사람들이라면, 이 책을 읽으면서 아트스탁을 통해 르네상스 시대의 창의적 예술가로 또는 부유한 자산가로 변모하는 자신을 발견하게 될 것이다.

_ 노준용, 카이스트 실패연구소 소장

춘추시대에 '백아'라는 거문고 명인이 있었다. 그에게는 그의 악상을 누구보다 잘 이해해 준 '종자기'라는 친구가 있었다. 사람들은 이 두 사람의 관계를 '지음'이라고 불렀다. 그런데 종자기가 잘 알았던 것이 백아 그 자체였을까 아니면 백아가 거문고로 만들어내는 악상이었을까. 나는 후자쪽이었다고 본다.

언제부터인가 김진호 대표는 나를 주변 사람들에게 '지음'이라고 소개한다. 그런데 내가 김진호 대표를 처음 안 것이 2018년도였으니까 그리 오래된 관계라고는 할 수 없다. 솔직히 말해 내가 잘 아는 것은 김진호 대표가 아니라 김진호 대표가 만들고 싶어하는 세상이 아닌가 싶다. 마치 백아의 '악상'이 음악이라는 특수한 상징 형태 가운데, 백아의 영감이 반영된 창조의 영역이라고 친다면, '아트스탁'은 김진호 대표가 꿈꾸는 미래 세상이 반영된 창조물이고, 그나마 김진호 대표 주변에서 내가 그것을 비교적 잘 이해하는 사람 중의 하나라고 하는 게 맞지 않을까 싶다.

김진호 대표는 "미술로 세상을 변화시킬 수 있다"고 힘주어 말한다. 그가 하는 말을 구체적으로 옮겨보자면, "IMF 이후 지난 20년간 대한민국을 이끌어 온 성장 동력은 벤처기업과 코스닥시장이었다. 성공한 벤처기업가들이 롤 모델이 되어 젊은이들에게 동기부여가 돼주었고, 성공한 사람들이 돈을 쓰고 그 돈이 낙수효과를 일으켜 대한민국 경제에 유동성을 가져왔다. 하지만 향후 20년은 파인아트가 대한민국의 성장 동력이 될 것이다. 순수미술을 하는 사람들이 돈을 벌고 그 돈이 선순환을 일으켜 더 좋은 작품, 더 좋은 대한민국 경제여건을 만들어 갈 것이다"라고 주장한다.

이를 위한 실천 방법으로 김진호 대표의 생각은 의외로 간단하다. '그들만의 리그'를 '우리들의 리그'로 확장시키자는 것이다. 예를 들어보자. 거래소에 상장되어 있는 회사들을 사고파는 일은 엄청난 자본가나 기업들이 아니면 참여 자체가 어렵다. 이런 게 바로 그들만의 리그다. 하지만 이러한 기업들을 기초자산으로 연동하여 주식을 발행하면 불특정 다수가 거래할 수 있다. 이런 게 바로 우리들의 리그인 셈이다. 김진호 대표의 생각은 바로 여기서부터 출발한다.

인류가 만들어낸 가장 위대한 발명품 중의 하나인 주식회사 (나는 오랜 시간 대학과 대학원에서 경영학을 가르치면서 학생들에게 인류사의 진보에 가장 큰 영향을 끼친 것이 주식회사 제도라고 늘 강조해왔다), 이러한 주식회사 시스템을 미술품 거래에 적용시킨 것이 아트스탁이다. 기업 하나가 미술품 하나가 되는 것이다. 기업을 베이스로 주식을 거래하듯이 작품을 스퀘어 단위로 조각내서 매매하자는 것이다. 기업이 성장하면 주식의 가치가 상승하듯이 작품의 가치가 성장하면 스퀘어 가치도 상승한다.

　김진호 대표는 평소 "기업과 가장 유사한 성격을 갖는 것이 미술품"이라고 말한다. 그는 "기업은 창업주가 죽으면 위기를 맞게 되고, 기업의 수명도 수십 년을 넘지 않는 경우가 대부분이지만, 미술품은 작가가 죽고 나면 오히려 그 값어치가 올라가고 기업처럼 수명을 다해 사라지는 일도 없다. 미술품이야말로 기업보다 더욱 진보된 주식회사가 될 수 있다"라고 한다.

　2019년 여름으로 기억된다. 이태원 선술집에서 김진호 대표와 둘이서 "미술품 조각거래로 대한민국을 업그레이드시킬 수 있다"는 주제로 밤이 새도록 얘기를 나눈 적이 있다. 그 자리에서 나도 모르게 불쑥 이런 말이 튀어 나왔다. "김대표, 내가 판깔아줄께, 자네가 꿈꾸는 세상을 직접 한 번 만들어 봐!" 이 말이 아트스탁의 시작이었다. 그 때부터 나는 김진호 대표의 꿈을 실은 항모에 올라탔다. 김진호 대표가 만들어가는 다음 세상이 기대된다.

_ 강명재, 경영학박사 / 씨케이인베스트먼트 대표이사

아름다운 것을 담아내는 BM은 무엇일까?

인공지능이 발전하는 시대에는 역설적으로 창조보다 음미가 인류의 핵심 가치가 된다. 고전음악, 국악부터, 힙합, 아프리카, 중동 음악, 재즈, 트로트까지 모두 음미할 줄 아는 사람은 그렇지 않은 사람보다 훨씬 삶을 풍부하게 살 수 있다. 리움 미술관에 걸린 추사의 서화를 보며 부르르 떤 기억이 있는 사람, 마크 로스코의 작품 앞에서 하염없이 눈물이 흘러나오는 경험을 가져 본 사람, 프랜시스 베이컨의 자화상에서 자신의 일그러진 모습을 발견하는 동시에, 덕수궁 미술관에 걸렸던 이쾌대의 자화상에서 한국 근대 회화의 세련됨을 느끼며, 프리다 칼로의 초현실주의 자화상으로 그녀의 삶과 멕시코의 현대사를 반추할 수 있는 삶은 그렇지 않은 사람보다 풍부하다. 모든 인류가 이러한 문화유산을 음미할 수 있도록 하는 것은 4차 산업혁명 시대라는 지금 더 절실한 가치이자, 동시에 기회다.

천상 사업꾼 김진호가 새로운 비즈니스 모델을 들고 나왔다. 그가 20년전 주창한 모델은 지금 모두 주류 모델이 되어있다. 골드뱅크가 추진했던 순수 인터넷은행은 20년 후 카카오뱅크의 상장으로 현실화되었고, 광고가 돈이 되는 모델은 오늘날 세계 10대 기업의 반열에 오른 구글과 페이스북, 한국의 새로운 대기업 네이버가 결국 광고 회사라는 면에서 증명되었다. 새로운 밀레니엄의 초반엔 언감생심 벤처 기업이 프로 농구단을 운영한다고? 하며 의심의 시선을 보냈지만, 결국 20년 후 온라인 게임 기업의 프로야구팀 NC 다이노스가 한국시리즈 우승을 할 만큼 첨단벤처기업의 스포츠팀 운영은 상식이 되었다.

오랜 외국 생활과 10여 년의 공백기 동안 내공을 더욱 갖춘 그가 새롭게 세상에 내놓은 비즈니스 모델은 '세계 최초 미술품 지분거래 플랫폼'이다. 더글라스 노스는 재산권을 보호해 주고, 이를 잘 활용하게 하면서, 그 거래비용이 작은 제도를 가진 사회가 번영한다는 것을 실증함으로써 노벨경제학상을 수상했고, 대런 애쓰모글루는 더글라스 노스의 이론을 그대로 계승하면서, 하나를 덧붙이는데, 더 많은 시민을 포용하고 참여시키는 사회가 번영한다는 것을 역저 "국가는 왜 실패하는가"를 통해 밝혔다.

김진호의 새로운 모델은, 파인아트(Fine Art) 시장에서 화가와 컬렉터의 재산권을 더 잘 보호하고 활용하게 하면서, 그 거래비용을 획기적으로 줄이는 제도를 제시한다. 그렇게 함으로써, 더 많은 사람들을 미술시장에 포용하고 참여시킨다. 그의 아트스탁 비즈니스 모델은 또 다른 20년 후 상식적 모델이 되어 있을 것이다.

그의 선견지명과 지혜는 어디에서 왔을까? 그는 동양철학에 정통하다. 언젠가 개인적으로 보내준 글에서, 김진호는 "문명의 발달이 생활을 풍부하고 화려하게 하지만, 인간의 노동을 감소시키고 게으름과 낭비와 생명의 쇠퇴 현상을 가져오므로, 소박하고 작은 소국과민小國寡民의 사회를 도연명의 도화원기에 나오는 무릉도원과 같은 이상 사회, 이상 국가"로 본 노자를 비판하였다. 이미 2000년 전 사마천이 "귀와 눈은 아름다운 소리와 아름다운 것을 한껏 즐기려 하고, 입은 소와 양 같은 고기를 다 맛보려 하는 인간의 욕망을 부정하는 정치는 실패한다"라고 갈파하였듯, 그런 노자의 생각은 불가능하다는 것이다.

그는 새로운 비즈니스 모델을 들고 나오면서, 책으로 미술시장의 컬렉터, 투자자, 창작자들과 소통을 시도한다. 우리 인간의 귀와 눈은 아름다운 소리와 아름다운 것을 한껏 즐기려 한다. 아름다운 것, 예술, 파인 아트에 대한 인간의 욕망을 더욱 잘 담아내는 제도는 무엇일까를 고민하며 실천해 온 과정과 그 안에서 얻은 동서양 예술의 경제 문화사, 그리고 사업의 과정에서 얻은 지혜를 미술시장에서 돈을 벌고 싶은 욕망을 가진 자들과 같이 나눈다.

_ 이경전, 경희대 교수

'파인아트는 모두의 자산이 될 수 있다'라는 말은 명백하면서도 허망하게 들린다. 실제로 순수 미술품은 한 집단의 문화적 가치를 담지하고 이를 다음 세대로 증유하는 귀중한 자산이자, 막대한 부를 지닌 일부 계층만이 향유할 수 있는 계급적이고 특권적인 자산이기 때문이다. 이렇게 접근했을 때 순수 미술품을 자산으로 여기는 것에 대한 어떠한 새로움도 느끼지 못했다.

그러나 미술품을 스퀘어 단위로 분할, 소액으로도 거래에 참여할 수 있게 한다는 신선한 발상은 그 모호한 통념에 구체성을 부여한다. 아직 자산이라고 할만한 어떠한 자금도 모으지 못한 젊은 세대로서 미술시장에 발 딛기란 쉽지 않다. 이미 가치를 인정받은 대작은 너무나 고가이기에 엄두를 낼 수 없으며, 신진작가의 작품을 구매한다 하더라도 즉각적인 수익을 기대하기는 어렵기 때문이다. 이에 한국 현대미술에 정평이 나 있는 작가들의 작품 지분을 감당 가능한 가격으로 구매, 수익성까지 기대할 수 있다는 점에서 아트스탁의 시스템은 고무적이며 희망적이지 않을 수 없었다.

더불어 저자 김진호 대표는 자산 증식에 있어 구조적 불평등을 해소하는데 초점한다는, 예술을 애호하자는 뜻에서 책을 출간한 것이 아님을 분명히 밝히고 있지만, 이는 역설적으로 예술의 가치와 역할을 강조하고 있는 듯하다. 한국 현대미술이 저평가되어 있음을 알아채 이를 품목화하는 것은 미술사와 인류학에 대한 너른 관심과 그것이 해낸 성과를 알고 있지 않고서야 불가능한 일이기 때문이다. 한국 현대미술의 동태를 정의하고 세분화하는 데에는 학자들의 수많은 견해가 존재하지만, 조명 받지 못하거나 미술계에서만 유명세가 머무는 작가들을 알릴 수 있다는 점에서 해당 시스템은 예술계에 기여하는 바가 분명 있을 것이라 생각한다. 부의 축적을 위해 접근한 이라도 한 번쯤 한국미술계를 들여다보고, 자신의 투자로서 작가들이 작품 활동을 유지하게 된다는, 예술 생태계에 대한 직접적인 기여를 체감함으로써 투자는 아름다움을 부여받을 것이다.

 책을 펼친 다양한 이유가 존재할 테지만, 미술품으로 돈을 버는 것이 가능한지에 대한 의구심은 책을 꺼내 든 모든 이의 마음 저변에 위치할 것이라 생각한다. 모든 비판과 의문을 겸허히, 또 타파할 각오와 자신감을 보여주는 저자이니만큼 아트스탁의 철학과 시스템을 끝까지 탐사해 보기를 제안한다.

_ 박서영, 미술전공 대학원생

"미술로 세상을 조금 더 낫게 한다". 처음 김진호 대표님으로부터 아트스탁의 사명선언을 들었을 때 20여 년 전 첫 회사가 생각났습니다. 명품 수입업을 하던 그 회사의 사명은 "명품으로 삶을 더 윤택하게 한다"였습니다. 수입 주류를 유통하고 있는 지금 회사도 어쩌면 다양한 고급 주류로 소주 위주의 세상을 조금 더 풍요롭게 하고 있는지도 모르겠습니다. 세상을 더 낫게 하면서 돈까지 벌 수 있다니 미술품 투자가 MZ 세대뿐만 아니라 전 세대를 통틀어 가장 인기 있는 투자 수단이 될 날을 기대해 봅니다.

_ 차훈, 드링크인터내셔날 전무

파인아트를 전공한 사람이 파인아트를 말하는 책은 많습니다. 하지만 이 책은 그 분야의 전공자가 아닌 사람이 썼습니다. 심지어 그것으로 언뜻 파인(fine)해 보이지 않는, 돈을 벌겠다는 의도를 가지고 있다 말하기까지 합니다.

반문해 봅니다. 돈을 벌겠다는 의도가 왜 파인 하지 않나요? 예술가도 돈이 있어야 밥을 먹을 수 있고 그 덕택에 자신만의 개성 넘치는, 아주 멋지고 파인한 예술세계를 창조해 내는 것 아닐까요? 예술가 뿐만 아니라 우리 모두 또한 그런 삶을 살고 있기도 하고 말입니다. 도리어 파인한 삶을 살고 싶다는 핑계로 남을 속이거나 부정한 방법으로 – 파인하지 않은 행동을 서슴지 않는 게 문제가 될 때가 훨씬 더 많습니다.

동양과 서양, 과거와 현재를 넘나들며 우리는 예술의 세계에 살고 있고 또한 자본의 세계에 살고 있습니다. 억겁의 시간 동안 인간의 정신세계(예술)와 생존 세계(자본을 통한 생존을 위한 기초 획득)를 단단하게 해 줄 무언가가 인류에게 필요했기 때문입니다. 덕분에 예술과 자본의 결합이 금기거나 죄악이 아님을, 어쩌면 인간의 가장 본능적이자 필수불가결한 만남임을 이 책은 잘 설명하고 있습니다. 예술의 순수성을 논하기 전에, 그 예술이 순수해질 수 있는 토양을 만들려 노력하는 아트스탁과 김진호 대표님의 노력에 박수를 보내며, 그 파인한 여정이 이 책을 통해 보다 많은 사람들에게 알려질 수 있기를 기대해 봅니다.

_ 정성우, (주)이왕태컴퍼니 공동대표이사

아트스탁의 김진호대표가 책을 발간한다는 소식을 듣고 한편으로 의아한 생각이 있었지만 다른 한편으로 그가 살아온 과정이 순탄치만은 않았기 때문에 사업의 부침을 겪으며 쌓아온 다양한 경험과 지혜가 어떻게 표현될 지 궁금하기도 했습니다.

늘 새로운 걸 생각해내어 사람들을 놀라게 하는 김진호 대표가 이번에는 미술품을 주식처럼 사고파는 아이디어를 갖고 찾아왔습니다. 저는 김진호 대표의 얘기를 듣고 한마디로 말했습니다. "사업의 결실은 어떻든 간에 대한민국 미술사에 길이 남을 수도 있겠다" 다른 한편으로 엉뚱하게 학생 시절 읽은 부하린(Nikolai Bukharin)의 "공산주의의 기초(ABC of Communism)" 생각이 났습니다. 이책은 서두가 미술품 수집이 취미인 어떤 부호가 늘그막에 변덕으로 자기 소장인 귀한 미술품을 모두 태워 없애려고 하는데 사유 재산이 법적으로 보장된 자본주의 하에서는 이것을 저지할 법적인 수단이 없었다는 이야기로 시작합니다. 기상적인 이야기이지만 아트스탁은 이런 일에 대한 보장이 될 수도 있겠다는 생각이었습니다.

새로운 개념이라는 낯설음에 대한 어려움만 잘 풀어내면 사업으로의 성패 여하에도 불구하고 미술 시장에 큰 변화를 일으킬 수도 있겠다는 생각도 합니다. 이 책은 아트테크에 대한 지침서로서 손색이 없습니다. 아트테크에 대한 지식을 쌓고, 더 나아가 직접 아트스탁 플랫폼에 접속해 '미술품을 주식처럼 사고파는' 새로운 경험을 하기 전에 일독을 권합니다.

_ 라종일, 전 경희대 교수, 전 우석대 총장

프롤로그
흐름 위에 올라타는 자산

캄캄한 공간 한구석, 푸른 빛이 새어 나온다. 그 빛이 드리우는 곳으로 발걸음을 옮긴다. 작품 앞에 다다르니 빛의 독특한 질감이 보인다. 꺼끌꺼끌 투박하나 정갈히 늘어선 종이들. 빛을 이루고 있던 것은 김완의 노동으로 일궈낸 상처 난 종이들이었다. 빛을 그리는 작가, 김완의 작품이다. 그림의 제목은 'Touch, At the Border'. 사이즈는 100호이다. 나는 재빠르게 이를 cm 단위로 계산해본다. 160cm x 130cm이다. 그것을 다시 스퀘어로 나누어 본다. 20,800개의 스퀘어가 나온다. 현재 이 그림의 거래금액이 얼마였었지? 이 그림의 가격을 스퀘어로 나누어 보니 1스퀘어당

Touch, At the Border 2021
김완, mixed media, 160.2X130.3(cm)

대략의 가격이 나온다. 그렇게 계산을 하고 다시 그림을 본다. 여전히 그림은 비현실적으로 아름답다. 하지만 이 그림에서 나는 조금 전과는 뭔가 다른 친근함을 느낀다. 멀리 떨어져 있는 예술품, 정신적인 교감을 해야 할 것 같은 아름다운 장벽만이 존재하는 것으로 보이는 게 아니라 아주 가까이 내 옆으로 다가와 보인다. 그렇다. 나에게는 이 그림이 자산으로 보인다. 좀 더 솔직하게 표현해서 돈으로 보인다. 갤러리 안을 둘러본다. 많은 사람들이 작품들 앞에서 다양한 내용과 의미를 가진 눈빛을 주고받고 있다. 감탄하고, 동경하고, 희열을 느끼고, 감정이 이입된다. 물론 심드렁한 표정으로 그림이 아닌 공간을 배회하는 사람들도 있다. 이들에게 이 그림들은 어떤 의미일까? 나에게 이 그림들이 너무나 아름다운 자산으로 보이는 것에 대해서 이들은 어떻게 생각할까? 아름다운 것이 자산이 될 수 있다는 사실 앞에서 나는 더 이상 가면을 쓰고 싶지 않다. 아무리 생각해도 파인아트Fine Art는 아름다운 자산이다. 그리고 이 아름다운 자산 때문에 나와 나의 동료들은 얼마나 많은 욕을 먹게 될까?

이 책은 미술을, 미술이 가진 예술적인 가치와 의미를 심미적으로 이야기 하는 책이 아니다. 그렇다고 자산을 확보하기 위한 구체적인 투자 매뉴얼북 역시 아니다. 혹시라도 주식을 처음 시작하는 초보자의 입문서처럼 미술투자를 시작하는 사람들을 위한 정보서적으로 생각했다면 책을 덮길 바란다. 이 책은 새로운 자산이 우리 사회와 삶으로 들어오길 바라는, 그로 인해 아주 조금이라도 기존의 부의 불평등한 구조에 작은 균열이 생기길 원하는, 그렇게 아주 천천히 미술시장의 양적 확대·질적 확대가 이루어지기를 기대하는 사업가의 생각과 감정과 경험을 정리한 일기장이라고 생각하면 좋겠다.

보통 우리가 플랫폼이라고 표현하는, 즉 흐름이 발생하는 곳에는 사람이 모이고, 자본이 모인다. 지극히 당연한 것이고 인류 역사상 단 한 번도 예외가 없었다. 하지만 그 흐름이 멈추면 사람과 자본은 곧바로 손절을 하고 새로운 흐름이 발생한 또 다른 곳으로 이동을 한다. 이 역시 당연한 것이다. 이 흐름을 인사이트Insight를 통해 예측하거나, 정확한 정보를 통해 일찌감치 그 안으로 들어간 사람들 대부분은 자산의 증식이라는 결과를 얻었다. 흐름은 인사이트가 있어야만 제대로 볼 수 있지만 정보라는 것은 그렇지 않다. 정보라는 것은 누구에게나 공평하게 제공되지 않을뿐더러 소수에 의해서 얼마든지 통제가 될 수 있다. 정보가 자산이 되고 가치가 되는 시대에 이는 심각한 문제로 다가온다. 일반적인 사람들, 대중의 생존에 위협을 가하는 요소가 되는 것이다.

우리가 날마다 경험하는 다양한 모순의 근본적인 원인은 불평등이다. 불평등은 단어와 의미만 조금씩 바꾸어가면서 지속적으로, 그리고 반복적으로 이어져왔다. 인류가 우주로 여행을 가고, 인간을 닮은 컴퓨터가 인공지능을 가지고 우리와 함께 살아가는 시대에도 이런 불평등은 사라지지 않았다. 이런 불평등의 심화는 결국 시민을 없애는 시대를 만들어버렸다. 나는 이 이야기를 하고 싶었다. 지금이 바로 시민이 없어지고 있는 시대이다. 시민이 없어진다는 의미는 사실 자산을 가진 사람이 점점 줄어든다는 의미다. 그렇게 시민이 없어지면 문명Civilization이 없어진다. 문명은 시민에 의해서 만들어지고, 유지되고, 발전이 되는 것임에도 불구하고, 불평등은 지속해서 시민을 없애고 또 없앤다. 나는 이런 불평등을 해소하는 열쇠가 자산에 있을 수도 있다고 생각을 했다. 일부 사람들은 혁명을 통해서 이 불평등을 해소하려고 했지만 번번이 실패했다. 역사를 통해 우리가 알고 있는 모든 혁명은 단 한 번도 불평등을 해소하지 못했다. 그렇게 많은 피를 흘리고도 말이다.

그래서 나는 세상에 이렇게 제안을 하기로 마음을 먹었다.

1. 이 시대에 새로운 형태의 자산을 집어넣는다.
2. 티도 안날 수 있겠지만 그래도 진한 먹색의 불평등을 아주아주 조금은 희석이 된 진회색 정도의 불평등의 형태로 개선시킨다.
3. 이 자산이 흐름을 유지 할 수 있도록 계속해서 작은 흐름들을 만들어 낸다.
4. 또 다른 누군가, 또 다른 자산이 쉽게 들어올 수 있는 풍토를 만든다. (돌을 맞겠다는 의미다. 내가 대단해서가 아니라 돌을 좀 맞아봐서 맷집이 좀 생겼을 뿐이다)

나는 파인아트에서 그 가능성을 발견했고 거기에서 출발을 했다. 일반적으로 새로운 자산이라는 것에 대해서 많은 사람들이 알아차리고 자산으로 인정까지 하게 되려면 먼저 기존의 자산이 희석이 되는 과정이 필요하다. 그렇게 되려면 새로운 자산은 어느 정도 규모가 커야 한다. 사람들이 자산이라는 것을 알아차려야 하니까 말이다. 그렇다면 파인아트는 비교적 그 조건에 적합한 자산이다. 파인아트는 우리가 아는 것보다 훨씬 큰 규모를 가지고 있기 때문이다. 그리고 무엇보다 자산으로의 역사 역시 깊다. 하지만 딱 하나 부족한 것이 있었는데 그것은 바로 유동성이다. 흐름 말이다.

이 유동성이라는 단어는 이 책의 전반을 아우르는 핵심적인 주제이다. 그리고 그 단어는 내 삶의 폿대와도 같다. 흐름과 자산은 필수불가결의 관계이기 때문이다. 플랫폼이라고 불리는 시장에는 가치가 부여된다. 그 가치가 인정이 되면 교환이라는 방법을 통해 활성화라는 단계에 도달한다. 지금의 문제를 해결할 수 있는 방법은 흐름이 멈춘 곳에 흐름을 주는 것, 즉 유동성을 부여하는 것이라고 생각했다. 예술가가 내놓은 파인아트가 자산으로서 가치를 인정받으려면 반드시 시장(플랫폼)이 있어야 한다. 시장을 통해 가치를 부여받은 예술품은 자산이 된다. 이 자산이 다시 시장으로 되돌아 나오면 또 다른 가치가 하나 더 부여된다. 시장성이라는 것 말이다. 이 시장성을 부여하는데 가장 필요한 것이 바로 유동성이다. 나는 파인아트에 이 유동성을 부여하면 자연스럽게 활성화가 될 것이라고 생각을 했다. 이미 규모로도, 자산으로도 오랜 역사를 가지고 있는 파인아트에 이 유동성을 부여하기만 되는 것이었다. 그러다보니 자연스럽게 유동성의 상징과도 같은 '상설'이라는 단어가 떠올랐고, 시장, 즉 '지분거래 플랫폼'이라는 형태와 연결이 되었다. 즉 상설거래시장이 바로 파인아트에 유동성을 줄 수 있을 것이라는 결론에 도달한 것이다.

자산은 어느 시대에나 존재를 한다. 하지만 그 자산이 멈춰있으면 문제를 해결하는 게 아니라 오히려 더 큰 사회적 문제를 만든다. 편중, 집중, 양극화는 그런 식으로 이루어져 왔으니까.

통계가 정답이 되는 시대는 끝났다. 그동안 통계는 우리가 가야 할 방향을 정하는데 기초적인 판단기준이 되어줬다. 통계가 황금알을 낳는 오리라고 이야기를 한 것이 얼마 전이었다. 하지만 모든 것이 불확실한 혼돈의 시대로 진입을 했고, 통계가 모든 변수를 담을 수 없음이 드러났다. 이제는 인사이트$_{Insight}$, 통찰력과 직관의 시대이다. 이 능력이 자산이 되는 시대가 되었다. 인사이트는 지식의 최상위 단계. 그리고 정말 다행인건 이 인사이트는 훈련으로도 일정 수준까지는 갖출 수 있다는 것이다. 이렇게 훈련된 인사이트에 창조라는 비밀의 코드를 더하면 100%의 인사이트가 된다. 이 창조적인 인사이트는 언제나 100% 정확하다. 하지만 내가 100%의 인사이트를 가지고 있다고 해도 아무것도 하지 않으면 아무것도 만들어지지 않는다. 그렇다. 이 능력으로 돈을 벌라는 이야기다. 자산을 늘리라는 이야기다. 자산을 가진 시민이 되라는 이야기다.

4차 산업혁명이 본격화되고, 블록체인의 확산으로 인해 디지털경제 시대로 본격적으로 진입하면서 자산을 바라보는 시선과 자산을 증식하는 방법이 실로 다양해졌다. MZ세대가 등장하면서 미술시장 역시 느린 유속에서 빠른 속도를 갖게 되었다. 하지만 속도를 흐름, 유동성이라고 부르지는 않는다. 이 속도가 자산이라는 에너지로 바뀌려면 반드시 필요한 것이 바로 흐름이다. 유동성이 이 속도에 올라타야만 삶에 영향을 끼치는 자산이 된다.

다시 한 번 확실하게 이야기 하고 싶은 것이 있다. 나는 지금 예술과 미술을 애호하자고 이야기 하는 것이 아니고, 그 안에 투영된 작가들의 철학과 그 심오하게 깊은 영감의 세계를 이야기 하자는 것도 아니다. 순수하고 아름답고 고결한 예술을 가지고 무슨 자산을 이야기하고, 투자를 이야기하고, 경제를 이야기하냐고 하는 사람 역시 이 책을 덮길 바란다.

나는 이제부터 자산을 이야기 할 것이고, 자산 증식의 방법으로서의 미술, 파인아트에 대해서 이야기를 할 것이기 때문이다. 아무나 자산으로 만들 수 없었던 자산을 누구나 자산으로 만들 수 있는 방법에 대해서 이야기를 할 것이다. 아름답고, 고결하고, 귀중한 그림을 1cm 단위로 잘게 잘게 잘라버리는 시스템을 이야기할 것이고, 또 좋다고 그것을 사고파는 상설거래시장 이야기를 할 것이다.

Contents

이 책에 쏟아진 찬사
프롤로그   흐름 위에 올라타는 자산   18

● 파인아트와 아트테크   Chapter 1

파인아트, 대중의 자산이 되어라   30
메디치가와 파인아트   45
조선시대의 파인아트 시장   54
예술가가 가진 창조의 코드, 기업가가 가진 재창조의 코드   62

≡ 아트와 테크의 시대   Chapter 2

포스트 코로나 시대와 아트테크   70
미술은 변하지 않는다. 시대와 사람이 변할 뿐   81
자산에 열린 세대, MZ세대
MZ세대에게 미술작품이 가장 적합한 자산인 이유
미술품 조각투자 플랫폼
초기시장인 미술품 조각 거래 시 주의할 점
아트테크의 본격적인 발달과 미술품 향유의 변화

▲ 미술로 돈을 벌어야 하는 이유
아트스탁 이야기　　　　　　　　　　　　　　　　　Chapter 3

사명선언, 그리고 9가지 행동원칙	110
행동원칙 1　죽지만 말자	117
행동원칙 2　이끌든지, 따르든지, 빠져있든지	123
행동원칙 3　먹고 죽은 귀신이 때깔도 곱다	129
행동원칙 4　신은 설교하지 않는다, 욕망이 가능하게 한다	133
행동원칙 5　철학이 숫자를 이긴다	138
행동원칙 6　닫힌 놈이 열린 놈을 이길 수 없다	144
행동원칙 7　멈춘 것을 흐르게 하라	150
행동원칙 8　댐을 치고 기다려라	157
행동원칙 9　한 발만 전진해도 충분히 돈은 번다	164

☐ 미술품을 주식처럼　아트스탁 이야기　　　　Chapter 4

세계 최초 미술품 지분거래 플랫폼, 아트스탁 출범 배경	172
아트스탁의 미래 [인터뷰 수록] 심범석, 이제훈	186
아트스탁의 사업영역_예술과 자산을 잇다	
아트스탁의 확장_ESG라는 당연성	
추급권이라는 단어에 숨겨진 나의 진심 [인터뷰 수록] 문혜자	204

에필로그	미움 받을 용기를 내는 이유	215
참고문헌		222

ARTSTOCK

Chapter 1

파인아트와 아트테크

파인아트, 대중의 자산이 되어라

파인아트가 진짜 모두의 자산이 될 수 있을까?

 미술품의 지분을 주식처럼 거래할 수 있는 상설 거래 플랫폼을 구축하겠다고 주변에 선포를 했었을 때 가장 많이 들었던 질문이고, 나 자신에게도 가장 많이 던졌던 질문이다.
 '파인아트가 진짜 모두의 자산이 될 수 있을까?'
 서두에 기술한 것처럼 우리 사회에 새로운 자산을 투입해서 사회적인 불평등을 아주 조금이라도 해소하겠다는 마음을 먹었을 때 체크를 해야 했던 조건이 있었다.
 첫 번째, 이 자산이 일반적인 자산의 범주에 들어갈 수 있는가?
 두 번째, 이 자산이 정말로 유동성이라는 것을 가질 수 있는가?

세 번째, 그렇게 되려면 시장성이 존재를 해야 하는데, 이 자산에 시장성은 존재를 하는가? 유동성을 부여했을 때 지속가능한 시장성이 생겨날 수 있는가?

밤을 새워 고민을 해보고, 각종 자료를 분석을 해보고, 다른 자산과 비교를 해봐도 답은, 파인아트였다.

파인아트Fine Art는 우리가 일반적으로 익히 알고 있는 기능성미술, 또는 실용미술과 반대에 위치해 있는 미술로, 진정한 아름다움을 추구하는 것에 목적을 두고 있는 심미적인 예술을 통칭하는데 보통 미술 분야에 한정지어 사용하는 경우가 대부분이다. 21세기 들어 다양하게 확장된 미디어와 표현의 다양성을 중요하게 여기는 자유주의 미술사조로 인해 파인아트와 실용미술의 경계가 점점 모호해지고는 있지만 파인아트는 인류의 문명이 만들어지고부터 여러 가지 이유로 (심미적, 종교적, 기능적, 경제적인 이유로) 우리와 아주 오랜 기간 밀착되어있었다고 할 수 있다.

피에트로 다 코르토나, 하느님 섭리에 대한 우의화
Allegory of Divine Providence 1633-1642

이 정도까지가 일반적인 파인아트의 정의이다. 이런 심미적 미술품이 갖고 있는 특징은 유일성이었고, 유일성은 가치의 척도였다. 인류는 파인아트가 가진 유일성에 아낌없는 투자를 해왔다. 지금 수많은 사람들이 NFT_{Non-Fungible Token}에 투자를 하는 것처럼 말이다. 파인아트가 가진 가치는 누구나 알고 있다. 그 가치를 소유하기 위해 아낌없이 돈을 투자하니까 말이다. 그 가치가 사회 전반적으로 들어와 일반적 자산이 될 수 있는 흐름, 즉 유동성을 가질 수 있어야만 일반 자산이 될 수 있지만 그 동안의 파인아트라는 분야는 소수의, 마니아적인 요소를 가진, 유동성이 제한된 자산이라는 것이 일반적인 견해였다.

　하지만 역사를 자세히 살펴보고, 파인아트의 흐름을 들여다보니 특이한 점 하나가 보였다. 파인아트를 향유한 것은 분명히 힘 있고 돈 많은 계급이었음이 분명했다. 하지만 이 파인아트에 유의미한 흐름을 제공했던 계층은 상공인이나 전문직을 가진 중간계급의 사람들이었다. 그들은 여러 가지 이유와 방법으로 파인아트를 접했고, 그들만의 방식으로 파인아트에 유동성을 부여했다. 그건 한마디로 이야기해서 '상설'이라는 개념이었고, 나는 이 상설이라는 개념을 이 시대에 맞게 커스터마이징_{Customizing}을 하기만 하면 됐다. 나는 소리를 질렀다. 유레카!

　파인아트라는 것을 내가 발견한 것도 아니고, 미술품 거래라는 것이 그다지 새로울 것도 아니지만 유동성 측면에서 파인아트를 발견했다는 것은 나에게는 너무나 큰 발견이었다. 성경을 보면 이런 구절이 나온다.

> *천국은 마치 밭에 감추인 보화와 같으니 사람이 이를 발견한 후*
> *숨겨 두고 기뻐하며 돌아가서 자기의 소유를 다 팔아 그 밭을 사느니라*
> 마태복음 13장 44절

유태인들은 전쟁이 나거나 외세의 침략을 받으면 자신이 가진 중요한 보물들을 밭 같은 곳에 깊게 묻어 숨겨놓는 경우가 많았다. 나중에 돌아와 되찾으면야 큰 상관이 없지만 전쟁 통에 죽거나 포로로 끌려가면 아무도 그 보물의 존재와 위치를 모르게 되었고, 오랜 시간이 지나 누군가가 그 밭에서 보물을 발견하면 그야말로 대박이었다. 하지만 만일 소작을 통해 그 밭을 일구던 농부가 그 보물을 발견하게 되면, 그 누구에게도 아무 말 하지 않고, 자기의 소유를 다 팔아 그 밭을 구입하지 않겠느냐는 의미를 가진 말씀이다. 맞다. 범용화가 될 수 있는 자산으로서의 파인아트를 발견했는데 어찌 모든 것을 걸지 않겠는가? 나에게 파인아트는 그렇게 다가왔다. 무엇보다 한국은 파인아트에 대해서 아직 시장조차 제대로 형성이 되지 않은 기회의 땅이었다. 주요선진국들에 비해서 파인아트를 자산으로 인식하고 투자하는 경우는 형편없이 낮았다. 이상할 정도였다. 연간 거래액은 4천억 원 정도에 불과했다.

낮은 수치가 오히려 기회로 느껴졌다. 가치는 충분하고 여기에 유동성만 부여하면 그 가치가 기하급수적으로 커질 수 있다. 유동성이 부여된 자산은 보통 20배로 커지는 분석 자료가 있다.

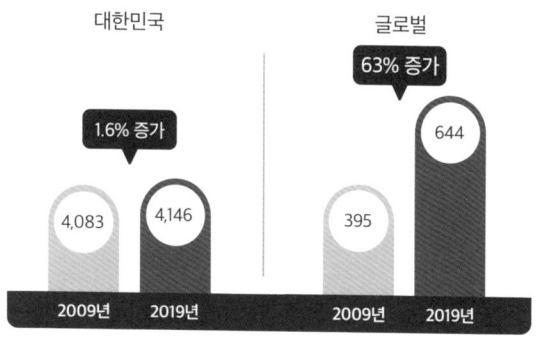

<미술시장실태조사>, <ArtBasel&UBS(2021)> [단위 : 억원/억달러]

미술시장 연간거래액

　이렇게 무한한 가능성을 가지고 있는 파인아트 시장이 우리나라에서는 왜 이렇게 활성화가 안 되어 있을까? 일단 파인아트와 유동성이라는 것을 붙잡았는데, 대한민국에는 왜 이 시장이 제대로 구축이 되지 않았느냐는 궁금증이 계속해서 생겼다.

대중들에 의해 일반자산이 된 파인아트

　일반적인 대중들은 미술품을 구매하고 소장한다는 것은 삶과 경제에 여유가 있는 부유층에게 해당되는 일이라고 생각을 한다. 주식이나 부동산과 같은 투자의 자산이라고 설명을 해도 쉽게 마음을 열지 못한다. 여전히 그건 남의 이야기나. 게다가 우리가 미디어를 통해서 접하는 미술품의 가격은 나의 급여통장과는 완전히 동떨어져있는 엄청난 고액이다. 당연히 미술품에 대한 투자, 소장, 거래 등에 대해 언론은 비우호적이었다. '대기업 회장의 비자금을 세탁하는데 고가의 그림이 사용되었다', '미술품 구매를 위한 아트펀드가 사실 비리의 온상이고 일반 투자자에게 엄청난 손해를 끼쳤다', '어떤 연예인이 세금을 탈루하기 위해 고가의 그림을 거래했다' 등등. 이런 사건들이 벌어지면 미술시장, 아니 미술계는 움츠리고 침묵했다. 미술계 역시 새로운 것에 대해서 받아들이는 것에 보수적이었으니까. 그렇게 한국의 미술시장은 계속해서 좁아지고 얕아졌다. 실제로 투자에 참여하는 사람들의 숫자도 적고, 실제로 투입되는 자본 역시 작아질 수밖에 없다. 자산의 개념으로 보는 사람은 극소수이고, 자산으로서의 투자효율도 떨어지고, 미술품의 가격은 여전히 불투명하다. 당연히 투자정보는 극히 적어서 이 정보를 획득할 수 있는 소수의 투자자들에 의해서 시장은 돌아간다. 그들만의 리그라고 이야기 할 수 있다.

하지만 이제 이것을 깨뜨려야 한다는 생각이 들었다. 시대가 무르익었기 때문이다. 주식이나 채권, 부동산 등의 레거시Legacy자산만을 가지고 높은 수익을 기대하는 시대는 지나갔다. 모든 것이 불확실한 시대에 투자자들은 위험이 있다고 해도 높은 수익률을 가진 대체투자자산을 원한다. 코로나19라는 팬데믹을 겪고 뉴노멀New Normal시대로 진입하면서 다소 큰 위험을 감수하고서라도 높은 수익률을 가진 대체투자자산을 찾으려는 열망은 더욱 강해졌다.

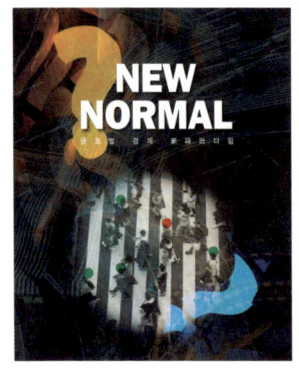
그렇게 시대는 몇 가지 유사한 반복을 하고 있는 것이다.

1348년에 유럽전역을 휩쓸며 유럽 인구의 3분의 1을 사망에 이르게 한 흑사병이 르네상스를 앞당겼다는 이야기를 들은 적이 있을 것이다. 피부가 까맣게 썩어 들어가며 죽는 흑사병으로 인해 도처에 매장하지 못한 시체가 즐비하고, 악취가 풍기고, 죽음이 바로 코앞에 닥치자 사람들은 구원에 대해서 심각하게 고민을 하기 시작한다. 그들은 흑사병을 신이 내린 형벌이라고 생각을 했기 때문이다. 분위기에 편승해 사방에서 들려오는 종말론으로 시대의 분위기는 어둡고 침울했으며, 절대로 망할 것 같지 않았던 동로마제국이 오스만투르크에 의해 실제로 멸망을 당하는 등의 천지개벽할 일들이 도처에서 일어났다.

그런 시대를 살아가는 대중들에게 파인아트는 일종의 종교였고, 구원의 방편이자, 안식의 비밀이라고 인식이 되었다. 그들은 미술품과 미술품의 구매를 통해 정신적인 숭고함과 인간 자체에 관심을 갖기 시작했고 이는 르네상스 시대로 연결이 되었다. 미켈란젤로, 레오나르도 다 빈치 등의 시대적인 대작가들이 이때 탄생을 했다. 흑사병이라는 거대한 팬데믹이 중세미술시장의 대호황기를 가져온 것이다. 가장 큰 위기가 큰 자산을 획득할 수 있는 기회가 된 것이다.

라파엘로 산치오, 아테네 학당, 1510~1511

이를 기점으로 관련 예술 활동들 역시 활발해지기 시작한다. 수요가 늘어가기 시작하자 귀족들의 향유문화에 국한되었던 파인아트가 일반대중들의 삶속으로 파고 들어갔다. 대중화라는 것이 일어난 것이다. 예술품의 생산방식 역시 수요를 따라가기 위한 형태로 발전되었다. 가령, 실제 그림을 대량으로 찍어낼 수 있는 목판화 기반의 작품들이 속속 등장을 했고, 거기에 자신의 로고, 심벌 등을 삽입해 일종의 브랜드 개념을 예술에 접목시킨 알브레히트 뒤러와 같은 화가도 등장을 해 본격적인 대중화를 주도했다.

알브레히트 뒤러, 1498년에 제작된 유화 <장갑을 낀 자화상>

또한 성당을 건축하는 도중에 부족해진 건축비를 마련하기 위해 시장을 열고, 거기에서 미술품 거래를 개최하고 여기에서 번 돈을 건축비에 투자하면서 지금의 미술품 전문시장이자 아트페어의 효시가 된 벨기에의 앤트워프 대성당의 사례도 생겼다. 이를 시작으로 본격적으로 형성된 미술품 전문 상설거래시장은 미술품이 아주 성공적인 수익모델이 될 수 있음을 보여준다.

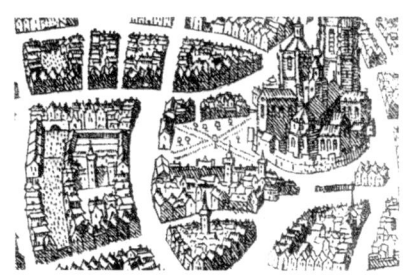

앤트워프 성당 / 앤트워프 성모 마리아 시장 지형도

증권거래소에서 만들어진 미술품 거래소

파인아트가 가진 대중자산으로서의 가치를 확인시켜준 것을 이야기를 할 때 최초의 증권거래소인 테르 뷔르제Ter Buerse광장의 여관을 이야기 하지 않을 수 없다. 나에게 파인아트와 상설거래소라는 조합의 비전을 보여준 곳도 어쩌면 이 테르 뷔르제일 것 같다. 지금도 생각이 앞으로 나아가지 않고 나 자신이 구태의연한 모습을 조금이라도 보이는 것 같으면 15세기의 테르 뷔르제로 나를 보내고는 한다. 전 세계에서 모인 상인들이 풍기는 이국적인 향기로 가득한 공간, 그 안에서 치열하게 매매를 다투었던 그들이 만들어내는 열기를 생각한다.

안토 산데스 테르 뷔르제 광장의 모습

벨기에의 소도시였던 브뤼헤는 15세기에 가장 번영했던 도시로, 유럽뿐만 아니라 아프리카, 중동 등의 무역상들과 무역선들이 활발하게 모여드는 그야 말로 당시 중계무역의 중심지였다. 브뤼헤를 중심으로 각 나라의 무역대표부들이 들어섰는데 그 사이에 놓인 테르 뷔르제 광장에 동명의 여관이 있었다. 브뤼헤가 상업적으로 발달이 되면서 여관업 역시 발달이 되었는데 당시 여관들은 필요에 의해서 은행업도 겸하고는 했다. 가장 대표적인 여관이었던 테르 뷔르제를 중심으로 다양한 상거래와 이와 관련된 비즈니스 매칭이 이루어졌다. 증권거래소 역시 이 여관을 중심으로 처음으로 만들어졌고, 증권거래는 물론 여기에서 파생된 은행 업무나 환전, 심지어 선물거래까지도 이루어졌다. 이때 함께 열린 시장이 바로 미술시장이었다. 그 동안의 미술품 거래는 주로 공방 중심으로 마니아층 간에 이루어지는 것이 일반적이었는데 테르 뷔르제를 중심으로 대중을 대상으로 한 미술품 전문시장의 형태가 본격적으로 갖춰지게 된 것이다. 중계무역의 중심지라는 특성으로 인해 미술품 거래는 국내 거래를 넘어서 국가 간에도 활발하게 이루어졌다. 그 규모는 점점 커졌고 전문적인 성격으로 발전이 되었다. 어떤 이는 고귀한 정신세계의 표현이자 아름다움의 상징인 파인아트가 증권이나 선물거래가 이루어지는 곳에서 거래가 되었다는 것을 이해할 수 없다고 이야기를 한다. 하지만 곰곰이 생각을 해보면 예술이 아닌 자산으로서의 파인아트는 제대로 된 판만 만들어지면 얼마든 대중적으로 확장이 될 수 있다는 의미이기도 하다. 이렇게 테르 뷔르제에 만들어진, 본격적으로 활성화되기 시작한 미술시장이 만들어낸 혜택의 최대 수혜자는 누구일까? 시장이 형성이 되고 본격적인 공급이 되기 시작하면 바빠지는 건 생산자, 즉 작가다. 시장이 움직이려면 수요자, 중계자, 그리고 공급자가 있어야 하기 때문이다. 특정 부유층이나 마니아들만이 파인아트를 독점하면 그들만의 리그 속의 자산이 되지만 수요가 늘어나면 시장이 커지고 유동성이 높아진다. 아무리 생각해도 자산으로서의 파인아트는 경제의 흐름과 함께 해야 하는 것이 맞다.

지금은 상상할 수 없을 정도의 초고가로 거래가 되고 있는 고흐, 르누아르, 모네, 마네 등의 인상파 작가들의 그림 역시 처음에는 조롱과 멸시의 대상이었다. 인상파라는 이름 역시
모네의 그림을 본 미술관계자들이 '이게 그림이라고? 허허.. 그것 참 대단히 인상적이구만!'이라는 비꼼과 비아냥거림에서 비롯되었다고 한다. 한마디로 초창기 인상파 화가들의 그림은 작품성은 물론 대중성까지 없는 평가절하의 대명사였었다. 1984년에 처음 열린 인상파의 첫 전시회 역시 미술계 사람들에게 철저하게 외면을 당했고, 미술을 좀 안다고 하는 상류층 사람들 사이에서 인상파 작품들은 절대 접촉조차 하면 안 되는 더러운 무언가로 취급을 받았다. 이렇게 비판을 받은 이유는 첫째, 과거의 역사나 신화 같은 교훈적인 이야기가 아니라 주제가 지나치게 사실적이고 현실적이라는 것과 두 번째, 붓 자국이 그대로 드러날 정도의 자연스러운 화풍은 그림을 못 그리는 아마추어라고 생각하는 당시 사조 때문이기도 했다.

하지만 이런 인상파의 '인상적인' 그림들은 그 안에서 자신들의 현실과 상황과의 접점을 발견한 일반대중들에게 인기를 얻기 시작했다. 정통성이라는 틀을 뛰어넘어 대중들의 일상적인 모습을 사실적으로 투영한 인상파 작품들은 당시 주류였던 신고전주의나 낭만주의를 넘어서서 대

오귀스트 르누아르, 폴 뒤랑 루엘의 초상화

중들에게 사랑을 받기 시작했다. 대부분이 소상공인 같은 평범한 사람들이었다. 거기에 바다 건너 미국의 경제가 급성장을 하면서 신흥갑부들이 생기기 시작했고, 이 졸부들이 부를 과시하기 위해 미술품을 사들이기 시작한 것도 인상파의 발전에 한몫을 단단히 했다. 물론 인상파 작가들의 뒤에서 오랫동안 후원하고 작품을 사들이고 투자를 했던 폴 뒤랑 뤼엘 같은 시대적인 미술상인들의 노력도 있었다. 그는 지금으로 치면 도록 같은 작가 개인 판화집을 만들어서 작가들을 홍보 했고, 신흥부자들이 많은 미국으로 진출해 지금말로 대박을 치기도 했다. 이 사람의 노력으로 인해 모네가 말년에 부유하고 편하게 그림을 그린 것은 이미 널리 알려진 사실이다.

얼마 전 한 뉴스에서 코로나19로 인해 '언택트Untact 미술'이 활성화되면서 온라인으로 작품이미지만을 보고도 수억 원을 선뜻 지불하고 작품을 구입하는 컬렉터가 늘고 있다는 내용을 접했다. 전문가들은 불황에는 안전자산으로 가격 상승 여지가 높은 유명 작가 작품들이 선호되고 있는 것이라고 그 이유를 설명했다. 국내외 온라인 경매 낙찰액도 지속적으로 상승하고 있지만 전시 등을 통해 실력을 인정받아야 하는 신인작가나 젊은 작가들에게는 기회가 주어지지 않고 있다. 10만여 명으로 추산되는 전업작가, 2만여 명 이상의 프로작가 중에서 인지도를 갖추고 작품 거래되는 작가들은 1%에 불과하다며 선배 유명 작가들이 후배작가의 작품을 구입하거나 젊은 작가들을 돕는 제로베이스 경매 등이 기획되고 있다. 충분히 공감이 가고 필요한 일이기도 하다. 하지만 근본적인 해소는 되지 않는다. 하지만 불황이 아닌 시절에도 유명작가들의 작품 중심으로 거래되었었고, 신인작가들의 작품이 거래되는 게 쉽지 않았던 것은 마찬가지였다. 불황에 안전자산이 선호되는 건 당연하다. 그건 미술품만 그런 것이 아니라 어떤 자산이건 안전자산은 불황에 선호된다. 불황 때문에 미술계가 얼어붙은 것이 아니라 시장이 없어서 얼어붙은 것이다. 앞에서 사례를 든 것처럼 대중들이 선호하는 자산이 되어야 한다. 예술품의 작품성을 대중에 맞게 그레이드를 낮추자는 것이 아니라 대중들이 소장할 수 있는 자산으로서 기능을 할 수 있게 시장이 확장되어야 한다. 그렇게 되려면 대중들이 접할 수 있는 환경을 만드는 노력들이 있어야 한다.

아트스탁 1기 상장작가

Wind-I Feel a Space of Mind 2012

예진영, clay and mixed media, 55x65(cm)

메디치가와 파인아트

　번번이 놓치고 항상 반성하고 또 다시 갱신하고 도전하는 부분이 비즈니스는 협업이라는 절대적인 진리이다. 뛰어난 아이템과 카리스마와 추진력을 가진 리더가 돋보이지만 사실은 수많은 협업자, 조력자를 통해 하나의 시스템으로 그 에너지들이 집결이 되고, 그 힘으로 움직이는 것이 비즈니스다. 하지만 표면적으로 이 모든 것들이 드러나지 않으니 자꾸 내가 다 할 수 있고, 또 다 한 것 같은 착각에 빠진다. 그런 오류를 겪지 않기 위해 구조와 시스템을 만들어 스스로를 견제하고는 하는데, 미술시장 역시 이 진리와 시스템이 절대적으로 필요한 분야이다.

메디치 효과

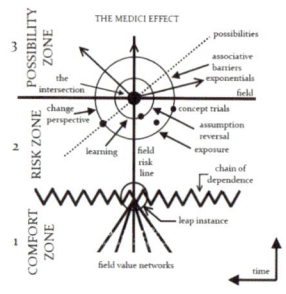

메디치 효과라는 말이 있다. 서로 다른 이질적인 분야가 서로 교차하고 융합해 창조와 혁신의 빅뱅을 이루어 내는 것을 이야기하는데 기업경영에 있어서 지금도 많이 차용되는 경영이론이다. 인류 문화혁신의 최고의 정점이었던 르네상스 시대가 활짝 꽃피울 수 있었던 것은 메디치 가문의 역할이 컸다. 메디치가문은 미술, 문학, 건축, 과학 등 다양한 분야의 인물들을 후원하고 교류할 수 있게 도왔는데, 이로 인해 인종 간의 다양한 교류가 활발하게 발생했고, 결국 새로움, 예기치 못한 폭발적인 혁신인 르네상스가 일어나게 되었다.

자코포 다 폰트르모, 코시모 데 메디치(1389-1464)

많은 사람들이 메디치가와 그 대표적인 리더였던 코시모 데 메디치Cosimo di Giovanni de' Medici에 대해서 연구를 하고 유의미한 자료를 내놓았다.

나는 메디치가 가지고 있었던 두 가지의 특징이 궁금했다. 첫 번째는 편견과 멸시를 딛고 예술과 학문에 지속적으로 후원을 할 수 있었던 힘의 비밀이었고, 두 번째는 네트워크가 가진 힘과 확장성에 대한 깊은 이해였다.

편견과 멸시를 딛고 예술과 학문에
지속적으로 후원을 할 수 있었던 메디치 가문의 힘

메디치 가문은 고리대금업으로 집안을 일으켰다. 지금도 마찬가지지만 중세유럽에서는 고리대금업 자체를 신성모독과 동일한 죄라고 여겼었다. 고리대금업자가 죽으면 그 시신을 동물의 시체와 함께 구덩이에 묻는 것이 마땅하다고 공의회에서 선포를 할 정도였다. 이런 최악의 멸시와 편견을 딛고 가문을 일으킨 조반니 데 메디치Giovanni de' Medici에게는 당연히 한이 생겼을 것이다. 고생고생해서 자수성가를 한 사람들의 특징 중 하나가 자녀 교육에 목숨을 거는 것인데, 조반니 역시 아들 코시모 데 메디치에게 다양하고 체계적인 교육을 받게 했다.

덕분에 코시모는 다양한 언어에 능했고, 인문학, 예술, 과학, 철학, 수집 등에 조예가 깊었다. 무엇보다 당시 기독교적 교리와 고리대금업자 사이에 필연적으로 만들어질 수 없는 속성의 충돌, 종교적인 신앙과 세속적인 욕망의 충돌에 대해서 깊게 고민을 했다. 결국 코시모는 그 모순의 충돌을 예술이라는 피안처로 해결을 했다.

  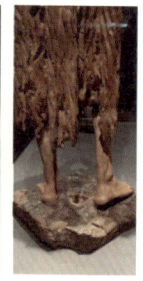 

도나텔로, 참회하는 막달라 마리아 　　　　프라 필리포 리피, 수태고지

코시모 데 메디치의 후원 작품들

  그는 시대를 상징하는 수많은 건축물을 지었고, 도나텔로, 필리포 리피, 보티첼리 등의 예술가들의 든든한 후원자를 자처해 초기 르네상스가 탄탄하게 자리를 잡는데 핵심적인 역할을 했다. 메디치가의 예술적 영향력은 코시모의 손자인 로렌초 데 메디치 Lorenzo di Piero de' Medici에 이르러서 절정에 이르렀다. 그는 르네상스 시대의 가장 영향력 있는 후원자였다. 르네상스를 상징하는 브루넬레스키, 레오나르도 다빈치, 미켈란젤로, 도나텔로 등의 거장들이 메디치가의 후원 덕에 생계에 대한 걱정을 덜고 위대한 걸작을 남길 수 있었다.

  메디치 가문은 고리대금업을 주업으로 하는 상인이었지만 일반 장사꾼과는 완전히 다른 행보를 지속해서 펼쳤다. 유럽 각지의 희귀도서와 고문서를 모아 유럽 최초의 공공 도서관인 메디치 도서관을 세웠고, 피렌체 대성당, 우피치 미술관 등을 건축했다. 이로 인해 화가, 조각가, 철학자, 시인, 건축가, 과학자 등 유럽 각지의 거장들은 메디치가 있는 피렌체로 몰려들었고, 이를 통해 앞에서 기술한 메디치 효과가 폭발적으로 증가했다. 당연히 시민들에게 메디치 가문은 절정의 존경을 받았다. 흑사병이라는 시대의 팬데믹을 겪으면서 예술을 구원으로 향하는 중요한 진입로라고 생각했던 시민들이 보기에 메디치가문은 하나님의 심부름을 하는 감사와 동경의 대상이었다.

브루넬레스키, 피렌체 대성당 　　　　산드로 보티첼리, 비너스의 탄생

로렌초 데 메디치의 후원 작품들

또 하나 우리가 잊지 말아야 할 것이 메디치 가문이 고리대금업 – 조금 순화하고 격조 있게 표현을 해서 금융업 – 을 통해서 일어났다는 점이다. 하지만 메디치 가문은 실제로 격조 있는 노블리스 오블리주를 실천한 금융가문이었다. 흑사병이 창궐해도 신용을 지키기 위해 은행문을 닫지 않을 정도로 돈 버는 것에 열심히 힘을 냈지만 가난한 서민들을 대상으로 이자를 받는 일을 하지 않았고, 재산세 관련 투표를 할 때 가난한 사람들을 위해 자신과 같

은 이익을 추구하는 집단의 반대편에 서기도 했다. 명성을 지키는 것은 재산을 지키고 돈을 버는 게 아니라 함께 동시대를 살아가는 시민들을 보호하는 것이라는 가문의 슬로건도 가지고 있었다. 하지만 자신들이 소유한 은행이 사회에 미치는 영향력을 바탕으로 부를 확장하라는 지침을 가지고 있었고, 이 자산의 구조가 탄탄해야 전방위적인 후원을 지속할 수 있고, 이 후원을 통해 시민, 예술가, 전문가들과의 관계가 우호적으로 유지되며, 이 예술작품들이 가문의 지배권을 상징하며 동시에 자산이 자연스럽게 증식될 수 있다는 창조적 사업가의 코드 역시 가지고 있었다. 파인아트가 지속이 되려면 자산과 연결이 될 수 밖에 없는 것이다.

네트워크가 가진 힘과 확장성

스탠포드 대학의 경제학 교수이자 세계적인 네트워크 연구자인 매슈 O. 잭슨 Matthew O. Jackson은 자신의 저서 '휴먼 네트워크-무리 짓고 분열하는 인간관계의 모든 것'에서 메디치 가문은 사회경제적 네트워크를 잘 이해하고 있는 네트워크 전문가였다고 이야기를 하고 있다. 메디치 가문은 은행을 중심으로 한 상거래 네트워크를 통해 만들어진 고객 인프라를 활용해 사업 제휴, 부동산 거래, 무역업 등으로 사업 영역을 확장 시켰고, 신규 영역의 안정성을 확보하기 위해 그들과의 결혼을 적극적으로 추진을 했고, 이를 통해 경제적 관계망이 가진 한계를 극복했다. 메디치 가문의 이런 네트워킹은 당시 피렌체의 다른 유력 가문들의 네트워킹은 비교도 되지 않을 정도로 방대하고 거대했다. 모든 사업과 가문들의 네트워킹의 중심에 메디치 가문이 있었고, 메디치 가문이 빠지면 네트워크 자체가 붕괴가 되는 시스템으로 확장되었다. 정말 대단한 네트워크 감각이라고 할 수 있다.

하지만 그것보다 더 중요한 것은 이 흐름을 유지하기 위해 사회적 기능, 요즘 가장 핫한 ESG Environmental, Social and Governance, 기업의 비재무적 요소인 환경(Environment)·사회(Social)·지배구조(Governance)를 뜻하는 말 경영을 네트워킹에 삽입했다는 점이다. 후반에 이 부분에 대해서 더 깊게 이야기를 하겠지만 기업의 사회적 기능과 문화적 기능은 절대 뗄 수가 없다. 상업적 네트워킹에 당대 최고의 예술가들이 포진된 예술 전 분야와 광범위하게 네트워킹이 되어있었고, 이를 기반으로 시민사회와의 연결 역시 공고해질 수 있었으니 하드웨어와 소프트웨어의 네트워킹이 거대한 체인망을 형성한 유일무이한 가문이라고 할 수 있다.

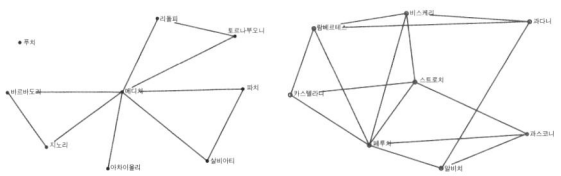

메디치의 동맹과 그 적대 세력의 네트워크 비교 (a)메디치의 동맹 세력에서 볼 수 있듯 전체 네트워크에서 메디치 가문을 제거하면 네트워크는 완전히 분해되지만, (b)메디치의 적대 세력의 네트워크에서는 그만큼 필수적인 위치를 차지하는 가문은 없다.

메디치의 동맹과 그 적대세력의 네트워크 비교 <휴먼 네트워크 중>

많은 사람들이 예술가와 후원가, 아티스트와 조력자의 상생관계의 중요성을 이야기 한다. 반드시 필요한 부분으로 더 이상 강조할 필요가 없을 정도다. 하지만 지속가능한 예술을 위해서는 규모화된 시스템과 네트워킹이 반드시 필요하다. 300년이 넘도록 피렌체 뿐 아니라 유럽의 문화예술을 좌지우지했던 한편의 드라마의 주인공과도 같았던 메디치 가문 역시 몰락을 하게 되는데 내부의 분열과 근간이 되었던 메디치 은행의 방만 경영으로 인한 몰락, 예술작품의 사유화 등 다양한 원인이 있었지만 가장 큰 핵심 원인은 바로 소통의 부재였다. 거대한 부와 영향력, 스스로를 왕이라고 생각하는 교만함, 시간이 지날수록 그들은 시민들로부터 자신들을 단절시키고 그들만의 영역에서 살며 스스로를 격리시켰다. 소통이 되지 않으니 순환이 안 된다. 네트워킹은 순환이 필수인데 말이다. 촘촘하고 광대한 네트워크의 단점은 주요한 한쪽이 붕괴가 되면 네트워킹 전체의 붕괴로 이어진다는데 있다. 한 시대를 넘어 지금까지 강력한 예술적, 정신적, 감성적, 경영학적 영향을 끼치고 있는 메디치가는 그렇게 무너졌다. 파인아트가 단순 안전자산이 아닌 상설거래가 되는 일반자산이 되기 위해서는, 소통과 순환, 유동성을 기반으로 한 시스템, 독점이 아닌 공유라는 어젠더를 반드시 반영해야 한다는 점을 시사하면서 말이다.

아트스탁 1기 상장작가

홍콩 소호 밤 2016

박상희, acrylic on canvas, vinyl sheet cutting, 112x145.5(cm)

조선시대의 파인아트 시장

 흑사병 시대의 파인아트, 벨기에의 앤트워크 대성당, 브뤼헤의 테르 뷔르제 여관, 인상파 화가들, 유럽 르네상스의 상징과도 같았던 메디치 가문을 통해서 확인하고 싶은 것은 각 시대마다 파인아트가 보여주었던 일반자산으로서의 가치와 확장가능성, 그리고 유동성이다. 학습을 통해 많이 들어왔던 것처럼 역사는 일정한 패턴으로 반복이 되고, 동일한 흐름을 바탕으로 한 기승전결을 보여준다. 하지만 지금 우리가 살고 있는 지금의 이 시대는 4차 산업혁명시대이며, 디지털경제 시대이다. 지난 인류문명사에서 볼 수 없었던 파격적인 패턴과 흐름을 보여주고 있는 시대이다. 예측하기 어렵고, 예측한 대로 흘러가지 않는 파격적인 속도와 흐름을 가지고 있다. 하지만 그럼에도 파인아트가 일반자산으로서 기능을 할 수 있는 방법과 가능성을 조금 더 확보하고 이를 아트스탁이라는 미술품 상설 거래 플랫폼 시스템 안으로 가져오기 위해서 역사의 증거를 좀 더 확보할 필요가 있었다. 그런 나에게 조선시대 후기, 즉 우리가 이야기하는 개항시대의 미술시장과 관련 인프라들은 많은 의미를 전달한다.

개항시대 미술시장의 흐름을 온몸으로 보여주는 화가, 오원(吾園) 장승업(張承業)

17세기 중엽에서 19세기 말까지 조선은 정기적으로 청나라에 사신使臣을 보내는 외교행위인 사행使行을 통해서 양국 간 문화교류를 강화했었다. 그 사행단에서 사신使臣을 보조하며 통역을 비롯해, 현지 관리와 접촉하고, 일정을 조절하는 등의 다양한 실무를 맡은 중인中人들을 역관譯官이라고 불렀다. 그들은 정기적인 급료도 없었고 경비지급도 없었다. 대신 팔포제八包制라고 해서 역관 1인당 인삼 여덟 자루, 80근 정도를 가지고 가서 이를 팔아 비용을 충당할 수 있도록 허락이 되었다. 하지만 이들은 실제로는 몰래 더 많은 양을 가져가 팔았고 이를 양반들이 필요로 하는 서적, 비단 등의 사치품 등을 사가지고 와서 비싸게 되파는 중개무역을 통해 큰돈을 벌었다. 덕분에 17세기부터 19세기 최고의 갑부들은 모두 역관 가문에서 나왔다.

조선시대는 양반뿐만 아니라 중인들도 그림을 참 좋아했는데 그 중에서도 청나라나 일본 등을 자주 왕래했던 역관들은 고서화古書畫나 금석문金石文등에 조예가 깊은 경우가 많았다. 그 중 한양 수표교水標橋의 동지중추부사同知中樞府事의 역관이었던 이응헌李應憲역시 미술에 조예가 깊은 사람이었는데 그 집에서 머슴살이를 하다가 천부적인 재능이 발견된 사람이 바로 조선후기의 대표적인 천재 작가 오원吾園장승업張承業이다. 어렸을 때 부모를 잃고 집안 역시 가난해 의지할 곳이 없었던 장승업은 이응헌의 집에서 일을 하며 밥을 얻어먹었다. 당시 이응헌은 원元나라와 명明나라 이후의 명인名人들의 서화書畫를 많이 소장하고 있었는데, 수시로 그림을 즐기는 사람들을 초대해 함께 관람하는 행사를 열고는 했다. 워낙에 총명하고 그림에 대한 습득능력이 뛰어났던 장승업은 그때마다 눈여겨보고 있다가 몰래 그림을 따라 그리고는 했다. 어느 날, 장승업이 그린 그림을 본 이응헌은 이건 하늘이 내려준 재능이라고 감탄을 하며 종이, 붓, 먹 등의 화구들을 제공하며 장승업이 오직 그림에 전념할 수 있도록 도왔다.

장승업 호취도

장승업의 천재적인 그림 실력이 알려지자 청계천 광교 서화시장書畫市場의 거간꾼들은 장승업의 그림을 찾는 사람들과 장승업을 연결하기 시작했다. 당시 광교에는 청계천을 따라 커다란 시장이 형성되어 있었는데, 중국과의 교역이 늘어나면서 서화 가게도 성업을 했다. 광교 서화시장을 통해 장승업의 이름은 조선팔도에 알려지기 시작했고, 장승업의 그림을 구하려는 사람들의 거마車馬가 거리와 골목을 가득 메웠다. 그만큼 당시 사람들은 양반이나 중인 할 것 없이 그림과 예술에 관심이 많았고 실제로 구매에 집중하고 수집하기도 했다.

개항기를 맞아 광교 서화시장을 통해 청나라의 해상화파海上畫派 그림사조가 조선으로 유입이 되었는데, 해상화파의 그림은 조선에서 큰 인기를 얻었다.

해상화파는 아편전쟁 이후에 통상 항구로 개방이 된 1840년대의 상하이를 중심으로 발달한 회화 중심의 화파로, 전통을 기반으로 하지만 외래 예술을 흡수하여 참신하면서도 개성이 있는 화풍을 통해 폭넓은 인기를 끌었다.

개항기 인천 제물포

장승업 역시 서화시장을 통해 해상화파의 화풍을 접했다. 장승업은 해상화파의 최대 수혜자라고 할 수 있을 정도로 자신의 그림에 이 화풍을 적절하게 접목을 했다. 하지만 장승업의 실력이 오히려 그들의 실력을 넘어섰기 때문에 당시 부유한 서화 수집가들은 앞 다투어 장승업의 그림을 찾았다. 항간에는 장승업의 대작을 구입하려면 기와집 두세 채 정도의 값을 치러야 한다는 말도 떠돌았다. 많은 미술전문가들이 장승업이라는 화가에 대해 평가하기를 당시 사람들의 취향, 즉 코드를 정확하게 알고 있었고, 그들의 취향을 그림에 반영할 수 있었던 천재적이면서도 지극히 상업적인 화가였다고 평가를 하기도 한다. 그 덕분에 장승업의 그림은 우리나라에만 500여점, 북한의 박물관에도 100여점이 남아있을 정도로 비교적 풍부하게 남겨져 있는 편이다.

기존의 부유하고 예술 감각이 뛰어난 양반들과 그들에게 서화 등을 공급해주는 역관과 서화점들을 통해서 미술품 거래는 꾸준히 이루어졌었지만 아직 미술시장이라고까지 이야기할 정도는 되지 못했다. 하지만 본격적인 개항시대를 맞이하고, 개항장을 중심으로 새롭게 등장을 한 신흥 지주층이 청나라 해상화파가 가진 장식적이면서도 신사고적인 그림  을 선호하기 시작했다. 이에 따라 해상화파의 그림들의 수요가 급격하게 늘어나기 시작했다. 감각적이면서도 다채로운 주제를 가진 해상화파 화풍이 조선 전체에서 인기를 얻으면서 화가들 역시 이 변화를 화풍에 적극적으로 받아들였다. 좀 더 솔직하게 이야기하면, 더 많이 팔릴 수 있는 그림에 대한 적극적인 수용이 당시 개항기 화가들이 가지고 있었던 태도라고 보는 것이 정확할 수 있겠다.

개항기 시대의 그림에 대한 높은 관심은 기존의 부유층이나 신흥지주뿐 아니라 서민들 역시 마찬가지였다. 부유층의 고급 미술품 거래는 화가에게
장승업, 맑은산 아이고

직접 의뢰를 해 제작하는 방법이 주로 사용되었지만 서민층에서는 길상吉祥이라고 하는 특유의 미신적인 주제를 다루고 있던 민화民畵가 인기가 많았다. 이런 민화를 가지고 있으면 부자가 되고, 출세하고, 개항의 분위기를 타고 세상이 바뀌고 있으니 혹시나 벼슬까지도 할 수 있지 않을까 하는 기대와 욕망이 서민들 사이에서 넘실거렸다. 욕망이 시대를 덮으면 그림도 같은 주제를 다루게 되어 있다. 민화의 수요는 지전紙廛이나 서화포書畵鋪같은 상점을 통해 주로 공급이 되었는데, 이 상점의 주인들은 급격히 늘어나는 수요에 대응하기 위해 원작에 대한 모사模寫가 빠르고 기술 역시 뛰어나지만 무명이었던 전문작가들을 과감하게 고용했고 이들을 통해 기성품을 제작해 서민들에게 공급했다. 개항을 통한 시장의 변화와 활성화, 그리고 서화 시장의 수요를 읽은 중개상들의 뛰어난 감각을 인정하지 않을 수 없다. 참고로 장승업 역시 한양 신문로 부근의 야주개라는 지전에 고용이 되어 그림을 그리던 시절이 있었다고 한다. 이후 유명세를 타자 스스로 독립을 해서 광교 일대에 자신의 화방인 '육교화방六橋畵舫'을 차렸다. 그러고는 양반가나 부유층의 주문 그림을 본격적으로 제작했는데 지전에 고용된 형태가 아니라 화가 스스로 차린 화방이라는 점에서 화가 스스로 중개상의 역할을 겸하는 과도기적 형태의 출현을 예고한다.

개항기에 활짝 열린 조선시대 그림시장의 특징은 첫 번째, 기존의 양반 뿐 아니라 중인과 서민까지 들어올 수 있었던 시대적인 환경이 열렸다는 것과 두 번째, 이로 인해 발생한 수요를 따라가기 위해 중개자의 기획 하에 플랫폼이 만들어졌다는 특징이 있으며, 세 번째, 불특정 수요자를 대상으로 기성품에 대한 제작과 판매가 이뤄진 점과 대량생산을 위한 과감한 투자 등을 주목할 수 있다. 이런 특징은 100여년이 지나 본격적으로 열리기 시작한 대한민국 미술시장이 반드시 짚어봐야 하는 부분이라고 할 수 있다.

아트스탁 1기 상장작가

시간-이미지 2020

문창배, acrylic on canvas, scalpel, 91.4x148(cm)

예술가가 가진 창조의 코드,
기업가가 가진 재창조의 코드

  신은 프로그래머다.

  신은 인간이 도저히 흉내를 낼 수 없을 정도로 정교하고 완벽한 프로그램을 만들었다. 우리가 접할 수 있는 모든 원리, 기준, 흐름, 공식들은 이 완벽히 프로그래밍 된 코드에 의해서 창조되어 움직인다. 그리고 신이 자신이 창조의 코드의 비밀을 부여한 한 종류의 인간군이 존재를 하는데 그들이 바로 예술가이다. 예술가는 선천적으로 내재가 된 이 비밀의 코드를 활용해 창조를 한다. 그들의 창조의 영역은 실로 신의 영역과 흡사하다. 그들이 가진 창조력은 발견이라는 과정을 통해서 드러나고, 학습을 통해서 발전이 되고, 경험을 통해 능숙해지기는 하지만 기본적으로는 부여받은 상태로

태어난다. 예술가들이 만들어 내는 창조물을 보면 경이롭다. 그 분야가 어떻든 간에 경이롭다. 창조의 능력을 가지고 있지 않은 사람의 시선에는 그들의 영역과 신의 영역에 교집합이 있음이 분명하게 느껴진다. 거대한 팬데믹이 닥쳤을 때마다 수많은 사람들이 예술가들의 창조물을 통해서 구원의 또 다른 방법을 찾게 되고, 안식의 비밀과 휴식을 느꼈던 이유가 바로 이 신의 창조와 유사한 코드에서 발현이 된 것이 아닐까 싶다.

예술가들이 신이 부여한 창조의 코드를 가지고 있다면 기업가들은 가치의 코드를 가지고 있다. 기업가에게서도 창조의 코드가 발견이 된다. 앞에서 우리는 시대의 흐름을 정확하게 읽고, 흐름에 최적화된 구조를 만들고, 흐름을 담기 위한 플랫폼을 구축하는 사람들의 모습을 봤다. 그들의 모습 역시 경이롭다. 그들의 창조는 가치라는 이름으로 만들어진다. 정확하게 표현을 하면 '가치'라는 단어가 내재된 창조라고 하는 게 맞는 것 같다. 나는 그들의 코드를 재창조라고 부르고 싶다. 기업가들은 재창조를 통해 가치에 생명력을 부여한다. 생명력을 가진 가치는 앞에서 기술한 다양한 비즈니스의 형태로 사업화, 기업화가 된다. 그것 역시 예술가들이 가진 신의 코드 못지않게 감탄스럽다.

파인아트는 신의 코드인 창조와 가치의 코드인 재창조가 만나서 만들어진다. 조금 더 노골적으로 표현을 하면 단순 자산이 아닌 향유할 수 있는 자산이 만들어지는 것이다. 그래서 예술가와 기업가는 반드시 연동이 되어야 한다. 각자의 코드를 가지고 하나의 완성체를 이루어야 한다. 이 연동을 예술의 가치를 훼손한다고 이야기를 하면 더 이상 할 말이 없다. 하지만 창조의 코드를 가지고 있는 예술가가 안정적인 활동을 할 수 있도록 기업가가 제반 시스템을 구축한다고 생각을 해보라. 예술가의 활동을 안정적으로 보장하기 위해서 기업이 적극적으로 도와야 한다는 단순 사회공헌 사업을 이야기 하는 것이 아니다. 하지만 창조와 가치의 코드는 그렇지 않다. 작가가 안정적인 활동을 하게 되면 기업가는 돈을 번다. 우리가 앞에서 살펴본 역사가 그렇게 말하고 있다. 테르 뷔르제 여관과 메디치가의 사례에서, 조선 개항시대와 인상파 부흥의 사례에서 확인을 했다. 한결같이 창조의 코드와 가치의 코드가 만나서 자산이 되는 이야기이다. 이것을 세속적이라고 표현을 하는 것 자체가 어쩌면 예술이 가진 가장 큰 속성 중 하나인 향유라는 것 자체를 부정하는 것일 수 있다. 또 향유를 위해서 반드시 필요한 자산을 부정하는 것일 수 있다. 아무리 봐도 파인아트라는 자산은 창조적이고, 창조의 발현이고, 창조의 발현으로 말미암은 가치이다.

나는 파인아트라는 분야를 깊게 알지 못한다. 나는 예술가가 아니고, 미학을 전공한 미술평론가도 아니며, 파인아트라는 장르의 미래를 기대하고 고민하는 순수애호가 역시 아니다. 이제 파인아트라는 예술분야에 취향이 확장되고 있는 기업가이다. 이 책의 후반부에 깊게 소개를 하게 될 테지만 예술가의 창조의 코드와 기업가가 가진 재창조의 코드가 원활하게 연동이 될 수 있게 하기 위해 몇 가지 원칙을 가지고 있고, 이 원칙을 아트스탁에 철저하게 적용을 하고 있다. 이 원칙은 앞에서 거론된 파인아트와 궤를 함께 했던 기업가 선배(메디치 형님들 같은...)들을 통해 배운 것이다. 구체적으로 드러나지 않았고 다른 용어로 쓰이기도 하겠지만 분명히 같은 원칙을 가지고 있었을 것이다.

일단 나는 내가 작품 보는 눈이 없음을 철저하게 인정을 한다. 이 의미는 아트스탁에 상장이 되는 작품의 선정에 일체 관여를 하지 않는다는 뜻이다. 미술전문가들이 해당 작품의 가치에 대해서 객관적으로 판단할 수 있도록 환경과 구조만 구축을 해준다. 그리고 해당 작품이 선정이 되면 그 어떤 피드백도 하지 않는다. 이 피드백의 영역 역시 니의 영역이 아니기 때문이다. 단, 선정이 된 작품이 아트스탁이라는 플랫폼 안에서 자산으로서 가치를 발휘하도록 열심히 플랫폼에 기름칠을 하고 군불을 지핀다. 철저한 분업시스템이다.

이 시스템을 유지하는 분명한 이유가 있다. 예술가는 자기 자신을 기준으로 무언가를 창조하고, 기업가는 상대방을 기준으로 창조를 하기 때문이다. 이건 반드시 지켜져야 한다. 거꾸로 적용을 해서 예술가가 상대방을 기준으로 예술 활동을 하면 예술가의 창조의 코드가 전혀 반영이 안 된 작품이 될 확률이 높고, 기업가가 스스로를 기준으로 상품 등을 만들어내면 그건 대부분의 사람들의 선택을 받지 못할 확률이 높다. 이렇게 예술가와 기업가는 같은 창조와 재창조의 코드를 가지고 완전히 서로 다른 시선에서 협업을 해야 하는 운명을 가지고 있다. 그러니 철저하게 분업을 해야 한다. 그렇게 되면 예술가는 기업가를 신뢰한다. 그 신뢰는 예술가의 창조활동에 긍정적인 영향을 끼치고, 그 긍정적인 영향은 뛰어난 자산 가치를 가진 파인아트로 돌아온다. 그리고 자연스럽게 기업가는 돈을 버는 것이다. 그리고 기업가는 그 돈을 다시 예술가에게로 흘려보내며 유동성을 가진 자산으로 만들어 내는 것이다.

뛰어난 예술가는 인간이 가진 본질적인 면을 예술이라는 언어로 보여주고, 기업가는 인간의 보편적인 면을 가치로 표현한다. 우리가 이야기하는 마스터피스Masterpiece가 인간이 가진 아주 본질적인 면과 보편적인 면을 동시에 보여주듯이 이 두 가지 합이 정확하게 반영이 된 작품으로 아트스탁이 자리매김을 할 수 있길 소망한다.

아트스탁 1기 상장작가

I dream everyday 2022
김영곤, mixed media, 72.8x72.8(cm)

ARTST●CK

Chapter 2

아트와
테크의 시대

포스트 코로나 시대와 아트테크

**팬데믹이 키운 온라인,
온라인의 급성장으로 만들어진 기회들**

　코로나19라는 팬데믹으로 인해 급변한 것이 여러 가지가 있겠지만 가장 대표적인 것은 바로 온라인 시장의 확대이다. 무엇보다 주목을 할 부분은 그 동안의 온라인시장의 개념이 단방향으로서의 소비시장의 역할에 국한이 되었었다면 이제는 인터렉티브 Interactive의 기능을 가진 가치창출의 기능을 갖추기 시작했다는 것이다. 특히 예술분야의 온라인 시장은 스마트 기능을 탑재한 업그레이드 상태가 되어 급속도로 발전을 했다. 전체 예술시장 내 온라인의 비중은 25%까지 급증했고, 이 글을 쓰는 지금도 가파르게 상승 중이다. 세계 3대 미술품 경매 회사의 전체 낙찰금액을 보면 2021년 상반기에만 59억 달러, 한화로 6조7천억 원에 달하는데, 이는 2020년 같은 기간에 비해 무려 230%나 상승을 한 수치이다.

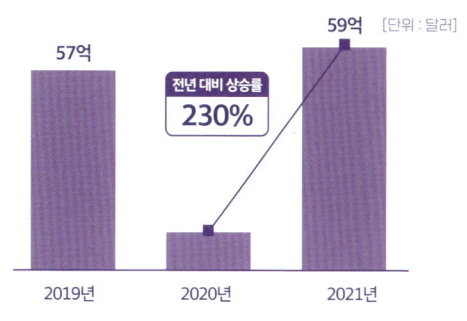

세계 3대 경매회사 전체 낙찰 금액 비교

그 중 온라인 시장의 규모는 2019년 기준, 전체 시장의 9% 정도에 불과했지만 2020년에는 전체의 25%까지 3배에 가깝게 상승을 했고, 아직 전체적인 수치가 나오지는 않았지만 2021년도에는 그 점유율을 더욱 늘렸을 것으로 예상이 된다.

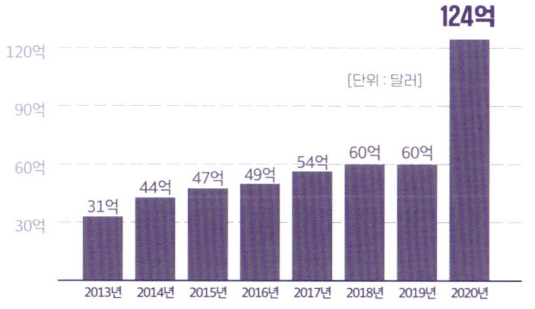

세계 3대 미술품 경매회사 전체 낙찰금액 대비 온라인 시장 규모

온라인 시장이 예술품을 판매하는 플랫폼으로서 단기간에 3배에 가까운 성장을 했다는 것만을 이야기하는 것이 아니다. 좀 더 근본적인 변화를 이야기하고 싶다. 기본적인 미술시장의 형태와 기능이 근본적으로 바뀌는 흐름이 시작되었기 때문이다. 미술시장이 가지고 있던 고착화된 편견과 소극적이면서도 고정적인 틀이 바뀌고 있다.

가장 주목이 되는 부분은 파인아트라고 불리며 일부 상류층이나 마니아들의 향유문화에 국한되었던 미술품이 일반 대중들, 앞의 챕터에서 설명을 했던 것처럼 일반 대중들의 삶속으로 들어오기 시작했다는 것이다. 물론 온라인이 본격적으로 적용되면서 전체 판매량, 거래량의 양적인 성장이 있었다는 것은 부인할 수 없는 사실이다. 그 현상은 팬데믹, 구매의 편리성, 시대의 변화 등 여러 가지 요인으로 해석할 수 있겠지만 그것보다 더 관심이 집중되는 것은 바로 일반적인 대중들의 유입이다. 대중들이 갑자기 미술품에 깊은 관심이 생겨서 감상을 하는 시간을 대폭 늘리고 수집까지 하게 된 것이 아니라 자산으로서의 미술품에 관심을 갖기 시작했다는 것이다. 물론 일반자산으로까지 자리매김을 할 수 있을지에 대해서는 조금 더 지켜봐야 하지만 말이다. 여하튼 그 계기가 온라인의 본격적인 확장에서 기인한 것은 부인할 수 없는 사실이다.

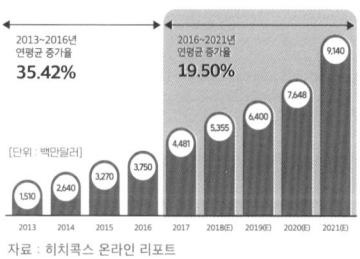

자료: 히치콕스 온라인 리포트

세계 미술품 온라인 거래 시장 현황

온라인 시장의 플랫폼化

　일반적으로 미술에 관련된 대부분의 전시행위, 작품매매, 아트페어 등은 오프라인을 중심으로 이루어져왔다. 그리고 그 방법이 실물을 가지고 있는 미술 분야에 가장 적합하다는 인식이 있었다. 하지만 코로나19로 인한 언택트Untact 환경이 장기화되면서 시장 폐쇄 및 거래절벽 등의 위기가 찾아왔고 미술품 거래 시장 전체가 고사될 위험에 처했다. 하지만 디지털 환경이 발전하고, IT인프라 발달을 통한 온택트Ontact라는 새로운 환경이 도래를 하면서 오프라인 절대법칙을 고수했던 갤러리나 미술품 딜러, 경매 전문기업 등에게 탈출구를 모색할 수 있는 기회가 주어졌다. 기존에도 온라인을 활용한 마케팅 등은 활성화되어 있었지만 포스트 코로나 시대에 필요한 것은 좀 더 전방위적인 변화였고, 상당수 기업들이 온라인 시장을 적극적으로 공략을 하면서 근본적인 변화에 적응을 하기 시작했다.

미술품 온라인 플랫폼 <아트스탁>

미술시장의 가장 큰 부분을 차지하고 있는 경매시장, 그중 대표적인 경매회사인 영국의 소더비Sotheby's는 2020년 1년 동안 전

소더비 첫 온라인 실시간 경매 장면

세계 소더비 지부 전체를 통해 총 420회의 온라인경매를 진행했다. 같은 기간 진행된 오프라인 경매는 약 170회에 불과했다. 코로나19의 영향을 절대적으로 받은 결과이기는 하지만 소더비는 팬데믹 이후에도 온라인을 통한 거래를 지속적으로 확대하겠다고 발표하기도 했다. 물론 기존의 경매회사가 보여주고 있는 방식의 변화는 아직까지는 오프라인의 대체 및 확장된 개념으로서의 온라인 시장에 적응하는 단계라고 할 수 있다.

하지만 몇몇 미술품 판매 회사들은 좀 더 확장된 온라인 플랫폼화를 시도하고 있다. 대표적으로 아트시Artsy라는 기업이 있다. 2009년에 설립된 세계최대 규모의 온라인 아트 마켓 플랫폼인 아트시는 전 세계 100여 개국의 갤러리와 미술관, 경매사, 아트페어 등 4천여 파트너와 협업하고 있다. 유료멤버십을 통한 작품의 위탁판매, 온라인 경매가 메인 비즈니스인데, 코로나19 이후에 협업을 더욱 활발하게 진행을 하면서 그 활동반경을 넓혔고, 그 중 온라인 아트페어 콜라보레이션을 가장 적극적으로 확장했다. 아트시로 인해 미술품을 온라인을 통해서 감상하고, 또

구매도 가능하다는 것이 일반 소비자에게 각인이 되는 계기가 되었다고 할 수 있다.

코로나19 발생 이후 아트시의 작품 거래규모는 무려 150% 이상 증가했다고 하는데, 국내 최대 경매 기업인 서울옥션 역시 2020년 4월에 아트시와 협업하여 성공적으로 온라인 경매를 진행하기도 했다. 그 외 VR기술을 기반으로 한 콘텐츠 및 아트마켓 온라인 플랫폼인 이젤Eazel, 아시아 미술을 중심으로 활발하게 거래가 이루어지는 플랫폼인 오큘라Ocula, 미술시장 분석 보고서, 미술품, 작가의 전시 정보와 경매기록 등의 방대한 데이터를 제공하는 온라인 아카이브 기업 뮤츄얼아트Mutualart, 온라인으로 작품을 홍보하고, 작가와 구매자를 위한 자문서비스를 제공하며, 작가가 직접 자신의 작품을 홍보하고 판매할 수 있는 플랫폼이라는 강점을 가진 사치 아트Saatchi Art등이 포스트 코로나 환경에 맞게 체질을 개선해서 대응하고 있는 미술품 온라인 플랫폼이라고 할 수 있다.

하지만 앞에서도 이야기 한 것처럼 단순한 판매 중심의 온라인 플랫폼의 기능만을 강조하면 양극화 현상이 일어날 수 있는 확률이 높아진다. 대규모 자본을 확보한 온라인 플랫폼으로 미술품, 작가, 소비자 등의 쏠림 현상이 일어날 것이 분명하다. 실제로 그렇게 되고도 있다. 온라인의 특징 중 하나가 검색하고 찾아

아트시 온라인 플랫폼

보고 비교할 수 있는 것 아닌가? 그렇게 되면 아무래도 막대한 마케팅 비용을 사용하고 있는 브랜드 있는 온라인 플랫폼 중심으로 관심과 자본이 쏠릴 수 밖에 없다. 미술품이 일반자산으로 가기 위해서 반드시 필요한 것이 일반인들의 손쉬운 접근과 그것으로 인한 평등성인데, 그것이 벌써 흐트러지고 있는 것이다. 현재의 온라인 플랫폼이 가지고 있는 한계이다. 아무리 봐도 부족한 점이 보인다. 오프라인에서는 일상적으로 일어나고 있고, 온라인 플랫폼에서도 반드시 일어나야 하는 것 한 가지가 일어나지 않고 있는 것이다. 브뤼헤의 여관 테르 뷔르제에서 일어난 그것, 상설이라는 기능 말이다.

디지털 자산으로서의 미술품

    포스트 코로나 시대의 미술품 온라인 시장의 변화가 아직까지는 양적성장의 형태를 띠고 있지만 미술품의 디지털 자산으로의 변화는 좀 더 근본적인 변화라고 이야기를 할 수 있다. 먼저 디지털과 디지털경제의 차이에 대해서 잠깐 이해를 하는 것이 필요하다.

    21세기에 접어들어 상당수의 나라들이 기본적인 국가 골격을 디지털로 바꾸는 시도를 꾀했다. 대한민국 역시 초단기간에 디지털 및 디지털化로의 전환에 성공했다. 이제는 디지털化는 특별할 것이라고 할 수 없을 정도로 초연결 시대의 기본적인 인프라가 되었다. 하지만 디지털경제는 좀 다른 이야기이다. 디지털경제는 디지털을 기반으로 한 인프라 안에서 소비와 생산이 동시에 일어나는 경제를 이야기하는데, 포스트 코로나 시대, 뉴노멀 시대로 진입하면서 많은 선진국들이 그 패러다임을 차지하기 위해서 첨예하게 다투는 영역이다. 이 부분은 앞에서 이야기한 온라인 플랫폼과 연결해서 이야기 할 수 있는데, 아날로그에서 획득한 재화를 온라인 기반의 디지털 환경에서 소비하는 형태가 온라인 활동의 전부였다면, 디지털 경제는 생산과 소비가 모두 디지털 기반의 인프라에서 일어나는 형태를 말한다. 이 환경에 가장 최적화된 자산이 바로 '지식재산'이라고 할 수 있는데, 대표적인 것이 최근 주목을 받고 있는 NFT Non-Fungible Token 기반의 자산들이다.

기존 오프라인 미술시장들이 가지고 있는 한계를 온라인 플랫폼들 역시 동일하게 가지고 있었다. 예를 들어 소유권이나 양도세, 취득신고에

NFT(Non-Fungible Token)

대한 규정, 거래기록과 가격에 대한 추적, 유통과정에서의 수익에 대한 분배의 문제, 공급과 판매에 대한 예측의 미비 등의 한계를 NFT를 활용하여 상당부분 해결할 수 있다는 것은 큰 장점이라고 할 수 있다. NFT 기반의 디지털 미술품들이 기존의 레거시Legacy작품들의 호가를 뛰어넘으면서 디지털 자산으로서의 가치와 가능성을 충분히 보여주고 있다. 앞으로 시장규모는 더 커질 것이고, 다양한 지적재산이 미술 또는 예술이라는 이름으로 등장을 하고 거래가 될 것이다. 하지만 내가 가장 주목을 하고 있는 부분은 이 NFT

기반의 미술품들이 상설 거래가 된다는 것이다. 이 상설거래로 인해 NFT의 일반자산으로서 가치가 확장되는 것이다.

50대 이상의 베이비부머 세대가 국내 미술품의 주요 소비계층이었다면 포스트 코로나 시대의 미술시장의 고객은 거의 전 연령층으로 확대가 되었다. 그 중 20대부터 40대까지는 온라인, 플랫폼, 디지털 자산에 대해서 폭넓은 이해를 하고 있는 세대이다. 한마디로 뭔가를 알고 미술시장으로 들어오고 있다는 것이다. 그래서 사실 기대가 되고 묘한 설렘까지 생긴다. 그 중 3,40대는 미술품의 작품구매에도 매우 적극적이다. 최근 발표되는 리포트들을 보면 미술품 구매자 중 3,40대가 차지하는 비중이 급증하고 있다.

772억원에 팔린 비플作 -매일:첫5000일

예술로서의 예술을 이해하는 것은 오랜 시간을 요하지만 자산으로서의 예술을 이해하는 것은 이에 비해 상대적으로 용이하기 때문이다. 뿐만 아니라 미술품의 소유권을 투자한 만큼 나누어 가질 수 있는 미술품 공동구매 총액은 2021년 기준 500억을 넘어서고 있고, 2022년에는 약 1천억 원대로 확대될 전망이다. 앞에서 이야기한 파인아트가 일반자산으로 넘어오고 있다. 가슴이 두근거리지만 무조건 청사진만 펼칠 단계는 아니다. 일반자산으로의 미술품이 자리를 잡기 위해서는 아무리 생각해도 미술작품의 상설구조가 확립이 되어야 하기 때문이다.

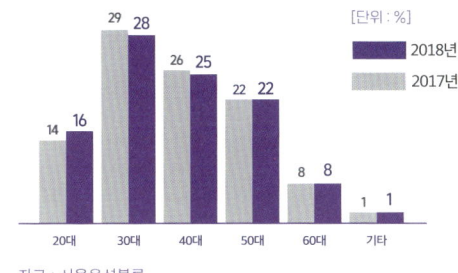

서울옥션블루 온라인 경매 낙찰자 연령대 분석

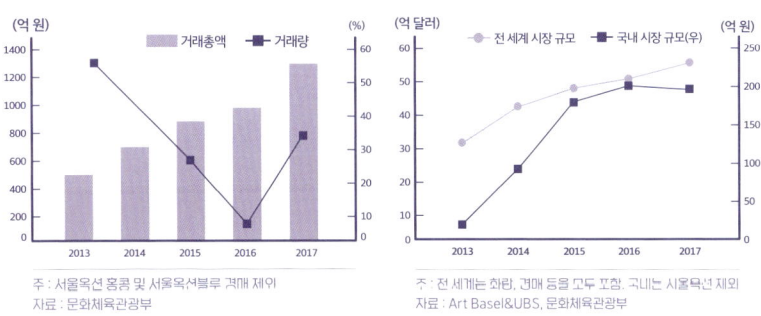

국내 미술품 경매시장 및 온라인 미술품 경매시장 규모 추이

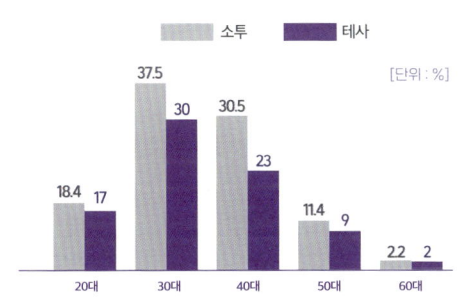

미술품 공동구매 플랫폼 회원 비중

아트스탁 1기 상장작가

그것을 묶음으로 Birth-Death #14 2022

유시라, 판넬에 닥나무 줄기, 한지, 천연염료, 97x194(cm)

미술은 변하지 않는다
시대와 사람이 변할 뿐

자산에 열린 세대, MZ세대

대한민국에서 미술이라는 분야가 이토록 많은 사람들에게 화제가 되고, 가까워지고, 소비가 된 적이 있었을까? 미술이라는 단어는 항상 우리 주변에 있었고 교육, 시험, 창의, 취미, 개발 등의 이름을 붙여 누구나 쉽게 사용하고 활용해 왔다. 하지만 미술작품이 삶 속에서 실제적인 작용을 하는 것은 아주 소수의 애호가와 관련자들에게 국한되어 있었던 것도 사실이다. 하지만 코로나19라는 팬데믹을 기점으로 전혀 보지 못했던 몇 가지 현상들이 나타나기 시작했고, 시대 분위기를 타는 잠깐의 흐름이라고 생각했던 것들이 실제화 되어 생활에 급격한 영향을 끼치기 시작했다. 그 동안의 세대와는 다른 전혀 새로운 세대의 등장으로 인한 변화라고 많이들 이야기 한다. MZ세대Millennials and Gen Z generation라고 부르는 세대 말이다.

1980년대 초부터 2000년대 초에 출생한 밀레니얼 세대와 1990년대 중반부터 2000년대 초반에 출생한 Z세대를 합쳐서 부르는 말. 보통 디지털 환경에 익숙하고, 집단보다는 개인적인 행복의 추구를 우선시하고, 소유하는 것보다는 공유가 우선이고, 상품  보다는 경험을 중요하게 생각하는 세대라고 시사상식사전에 등록되어 있는데, 일면 그 특징에 공감도 가지만 그 공감이 가는 시선을 가지고 있다는 것 때문에 나 스스로가 꼰대처럼 느껴지기도 한다. 정작 MZ세대 당사자는 꼰대들이나 그런 단어를 만들어 쓴다고 생각하고 있으니까. 이 세대의 본격적인 등장과 블록체인의 확산으로 인한 가상자산의 등장, 코로나19로 인한 팬데믹, 전 세계적인 경제의 위기는 어떻게 미술시장을 변화시키는 시너지를 냈을까?

일단 꼰대 같은 자격지심은 좀 뒤로 하고, 시대를 이 세대에게 잘 넘겨주고, 백업멤버로 물러나기 위해서는 세대 간 이해는 반드시 필요하다. 그리고 무엇보다 나는 이 세대를 보며 놀라움을 금치 못하고 있으니까 말이다. 나는 이 세대가 한반도 유사 이래 가장 똑똑하고 명석한 집단이라고 생각한다. 이들은 독립적이면서도 전체를 보는 이해력 역시 아주 빠르다. 기본적인 학력도 높고 원하는 어떤 분야에 대한 집중력 역시 탁월하다. 디지털 디바이스 활용에 대해서는 타의 추종을 불허할 정도로 뛰어나고 그 활용을 통해 소셜네트워크를 만들고 참여하는 데에도 익숙하다. 밈과 Meme과 짤짤은 방송과 세로보기가 더 편하고, 바이럴Viral에 대해서는 완전히 열려있다. 개인적인 성향이 아주 강하지만 비슷한 시각을 가진 개인들이 만나 그룹을 만드는 것에 대해서 오히려 적극적이다. 이는 국내에만 국한이 되지 않고 글로벌한 특징을 가시고 있다. 이들은 세계를 멀리 떨어져 있는 다른 세상이라고 생각하지 않기 때문이다.

또한 MZ세대는 감성의 세대다. 감수성이 풍부하고, 세심함을 중요하게 여긴다. 감수성은 감정적일 수 있다는 것을 포함하기 때문에 이들의 감성에 미디어나 콘텐츠가 특별한 기폭제의 형태로 붙으면 순간적으로 폭발하기도 한다. 또 사실적인 것을 선호하는 특징도 있다 보니 리얼리티가 강한 콘텐츠를 특히나 선호한다. 하지만 이런 다양한 특징이 내제되어 있는 세대이기에 예기치 못한 충격에 취약할 수 있고, 세밀하고 안정적인 환경이 지속적으로 공급되어야 하는 단점도 존재를 한다. 이런 세대를 기성세대가 가지고 있는 틀만을 가지고 재단하는 건 엄청난 실수다. 좀 더 솔직하게 이야기해서 어떤 사회적인 현상이나 세대분석으로 표현할 수 없는 세대다. 지금 이 글 역시 그렇게 보일 수 있을까 경계가 된다.

MZ세대는 최대의 현안이 자산의 격차 해소에 있다고 생각을 하고 있고, 기존의 부동산을 중심으로 한 자산 편중과 이로 인한 불평등의 문제가 심각하다고 생각을 한다. 이 생각에는 양극화에 대한 불만과 불안이 잠재되어 있다. 그렇다고 이들이 급진적인 사회주의 성향을 가지고 있는 것은 아니다. 그들은 실효성과 공평함이 있는 자본주의를 원한다. MZ세대가 자산을 보는 시선과 필요성에 대한 인식은 기본적으로 합리적이다. 그들은 개인소유의 자산이 없이는 세상의 불평등이 해소될 수 없다고 생각을 한다. 그래서 사회적으로도 개인적으로도 자산을 확보하고 증식하는 데에 많은 관심을 가지고 있다. 하지만 대한민국 자산의 70% 이상은 부동산에 쏠려있다. 물론 환경만 허락한다면 증식하기에 아주 효과적인 자산이 부동산이다. 하지만 기존의 부동산은 자산 자체의 기본단위가 아주 크다. 게다가 너무 먼 미래에 수익으로 돌아오는 자산이다. 그래서 현재의 MZ세대가 이것을 자산으로 인식하고 접근해 취득하는 데에는 한계가 있다. 그러다보니 이들은 현실적으로 취득이 가능한 자산으로 눈을 돌린다.

그런데 코로나 19라는 팬데믹이 다양한 자산으로의 진입장벽을 낮추는 작용을 하게 되었다. 비대면으로 인해 기본 단위에 대한 인식들이 바뀌었기 때문이다. '함께', '같이', '모두'라는 개념보다는 '독립적으로', '개인적으로', '실용적으로'라는 기준들이 단위의 구성에 적용이 되었다. 이는 자산에 대한 인식에까지 확산되어 일종의 '쪼개기'를 통해 자산을 '소유'할 수 있다는 개념까지 확장되었다. MZ세대는 쪼개어 소유하고, 쪼개어 거래한다는 것에 대한 이해의 폭이 넓다. 기존의 고정관념과 틀에서 자유롭다. 물론 블록체인 등의 발달로 디지털 자산의 안정성이 일정부분 확보되면서 아주 소액으로 가상화폐를 쉽게 소유할 수 있는 환경이 열린 이유도 크다. 하지만 MZ세대의 자산에 대한 관심도는 급증하고 있고, 그 관심은 디지털 자산에만 국한되지 않는다. 유명한 음원의 저작권을 쪼개어 일부를 수십만 원에 구매하고, 국산 한우의 소유권을 공동으로 사들여 디지털 디바이스를 활용해 관리하고 날마다 수익률을 체크한다. 부동산 역시 전문플랫폼을 활용해 소유권을 나누어 소액의 자금으로 일부만 구입하고, 더 나아가 이를 임대해 이중으로 수익을 창출하기까지 한다. 자산의 불평등에 대해서 불평만 하고 있는 게 아니라 적극적으로 소자본투자(요즘은 소수점 투자, N빵 투자, N분의 1투자라고 표현하기도 한다)가 가능한 플랫폼을 찾고, 수익 실현 과정에 필요한 공부를 집중적으로 한다. 과거 기성세대가 했었던 올인All-in으로 발생할 수 있는 엄청난 리스크는 거부한다. 이들은 정보력도 빠르고, 결단 역시 빠르고, 실천력 역시 뛰어나기에 기성세대의 헝그리 정신을 오히려 무능으로 보는 경향이 있다. 이런 특징을 가진 MZ세대의 움직임에 따라 시중 자산의 흐름 역시 급변하고 있다.

그들에게서 발견할 수 있는 특징 중 하나가 이들의 문화적인 취향이 아주 높고 넓다는 것이다. 2021년 국내 미술품 경매의 낙찰가 기준 톱10이 발표가 되었다.
1위는 일본의 설치미술가 쿠사마 야요이Kusama Yayoi의 1981년작 '호박'이다. 이 작품은 국내 소개된 쿠사마의 회화 중에 가장 큰 50호 116.7×90.3㎝ 인데 서울옥션 경매에서 54억5000만 원에 팔렸다. 2위는 '색채의 마법사' 마르크 샤갈Marc Chagall, 1887~1985이 1973년 그린 꽃 그림 '생폴드방스의 정원Les Jardins de Saint Paul'으로 케이옥션 경매에서 42억 원에 낙찰됐다. 3위는 40억 원에 판매된 '한국 추상미술의 선구자' 김환기 1913~1974 의 희소성 높은 붉은 점화1-Ⅶ-71 #207이고, 4위는 수학 1타 강사로 유명한 현우진 씨가 구매해 화제를 모은 쿠사마 야요이의 2015년 작 '골드 스카이 네트 Gold-Sky-Nets'로 36억5000만 원에 낙찰됐다. 그리고 이우환(85)의 1984년 작 '동풍East winds'과 쿠사마의 2016년 작 '인피니티네트WFTO'가 낙찰가 31억 원으로 공동 5위에 이름을 올렸다.

한국 미술시장 경매가 톱5 미술 작품
출처 : 서울옥션 케이옥션 제공

나열한 작가들과 미술작품은 불과 2-3년 전만 해도 마니아들만의 관심사에 불과했지만 이제 MZ세대들에게는 투자해야 할 자산으로, 또는 자신의 투자포트폴리오를 위해 스터디를 해야 할 대상이다. 그들은 아름다운 예술작품을 감상하는 동시에 취득해야 할 자산으로 본다. 멀리 있는 남의 자산이 아닌 소유가 가능한 실물자산으로 받아들인다. 빅뱅의 지드래곤과 탑의 미술품 수집과 BTS의 리더 RM의 미술품 투자와 소장을 동경만 하는 게 아니라 같은 투자자의 시선으로 바라보는 것이다. 스타의 애장품에 감탄하는 것이 아니라 소유할 수 있는 자산으로 보고 있다. 이로 인해 2021년 국내 미술품 공동구매 시장은 500억 규모로 성장했고, 2022년에는 1천억 규모로 성장할 것을 예상하고 있다. 주요 투자자의 연령은 30대였다.

　놀라운 변화다. 나이가 제법 있는 자산가나 돈 있는 마니아들의 특별자산의 영역이 일반 대중들, 그 중에서도 상대적으로 안정적 자산을 소유하지 못하고 있는 세대들에게로 들어온 것이다. 하지만 더 놀라운 건 파인아트라고 하는 영역이

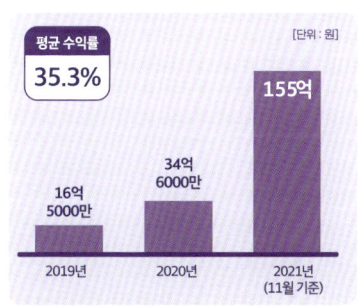

2021년 국내 미술품공동구매 시장 규모

가지고 있는 예술성과 문화적인 가치를 받아들일 수 있는 이들의 문화적 수용성이다. '아무리 들여다봐도 뭔 소리를 하려고 하는지

도저히 모르겠어.'가 입버릇처럼 된 기성세대의 틀이 아닌 '이거 생각보다 좋은데? 재미있는데? 괜찮은데?'라는 말을 편하게 할 수 있는 세대가 이들이다. '웬만하면 맞춰서 해봐'가 아닌 '나는 이게 별론데? 그것보다 나는 이게 더 나은 것 같아'라고 자신의 생각을 뚜렷하게 제시할 수 있는 세대이다. 그리고 '미술작품=오프라인'이라는 환경이 바뀐 것을 적극 활용한다. 디지털 환경에 익숙하고 온라인쇼핑, 모바일 활용을 통해 미술품 감상, 구매, 경매에까지 손쉽게 참여를 하고 있다. UBS의 보고서에 따르면 MZ세대의 92%가 미술품 구매 시 온라인을 활용한다고 조사가 되었다.

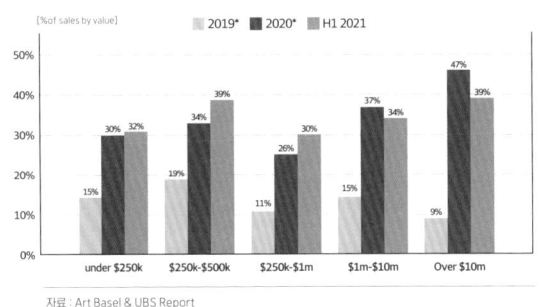

UBS 글로벌 아트마켓 보고서 2020(Global Art Market Report 2020)

이들에게는 미술품이라는 문화를 향유하고 자산화 시키기 위해서 온라인을 활용하는 것은 당연한 것이 되었다. 거기에 미술품이 가지고 있는 세제 혜택 역시 무시하지 못할 부분이다. 타인에게 판매를 하려면 양도소득세를 내야 하지만 국내에 생존한 작가의 작품은 비과세이고 작고한 국내 작가의 작품도 실거래가가 6천만 원 미만이면 비과세에 해당이 된다. 부동산이나 주식 등의 일반자산에서는 불가능한 부분이다. 이 역시 MZ세대가 미술품이라는 자산에 집중하게 만드는 요소이다. 하나 더, 팬덤 문화에 익숙한 MZ세대는 작가를 발굴하는 것 자체를 즐기기도 한다. 떠오르는 유망주와 저평가된 작가들 등 자신의 취향에 맞는 작품을 비교적 저렴한 가격에 구매해 응원하기도 한다.

MZ세대에게 미술작품이 가장 적합한 자산인 이유

N분의 1로 밥값이나 찻값을 계산하면 '정情 없이 뭐하는 거야…'라고 먼저 생각이 떠오른다면 꼰대지수가 상당히 높은 것이다. 그 생각 자체가 나쁘다는 것은 아니다. 하지만 그 시선을 기준으로 MZ세대를 보거나 강요하면 소통에 대해서 좀 생각을 해봐야 할 것이다. 정이 없다는 것에 대해 할 말도 많고, 또 생각도 다른 세대가 바로 MZ세대이기 때문이다. MZ세대는 위기 속에서 성장기를 보낸 세대이다. 전쟁이나 극도의 굶주림 같은 것을 경험을 한 것은 아니지만 IMF 외환위기 때문에 무너지는 기성세대를 보며 함께 불안에 떨었고, 글로벌 금융위기로 인해 전 세계가 패닉상태에 빠지는 것을 보며 위기와 위험은 멀리 있는 것이 아니라는 것을 몸소 체득한 세대가 MZ세대이다. 불안함이 마음에 새겨진 세대라고 할까? 덕분에 위기에 자신을 보호할 수 있는 능력을 반드시 함

양해야 한다는 것이 생생하게 각인이 되었지만 반대로 그 능력을 함양할 수 있는 공정한 기회가 이 사회에는 존재하지 않는다는 것도 체득했다.

정을 이야기하고 싶어도 세상이 입 밖으로 내놓지 못하게 하는 시대다. 게다가 성인이 되어 월급봉투를 받아 든 그들은 나의 월급으로는 몸을 뉘일 수 있는 집 한 채를 산다는 것은 아예 불가능하기에 재테크를 하지 않고서는 그 어떤 미래도 보장이 되지 않는다는 것 역시 깨닫고 있다. 그런 그들에게 N분의 1과 정 없는 것을 연결하는 것은 내가 꼰대 충만한 자라고 자인하는 것이다.

이들이 재테크를 대하는 관점은 기성세대의 관심과는 제법 다르다. 부동산을 통해 똘똘한 한 채를 마련하려면 '영끌정신'과 '일상포기'와 '존버정신'을 겸한다고 해도 불가능에 가깝고 요즘처럼 부동산 가격이 본격 하락세로 접어들면 밤잠은 다 잤다. 천정부지로 오른 부동산에 마음을 접었다고 표현 하는 게 더 적당한 것 같다. 또 주식을 통한 재테크에도 비교적 익숙하지만 수익에 대한 양도소득세, 배당소득세, 증권거래세에 2023년부터 부과되는 금융투자소득세를 생각하면... 두뇌회전이 빠른 이들에게 그다지 매력적이지 못하다. 코인으로 불리는 - 원래는 토큰이라 칭하는 게 더 적절하다 - 가상화폐 투자 역시 여전히 재테크의 주요 수단으로 인기를 얻고 있지만 0과 1이라는 숫자로 구성되어있는 가상의 화폐에 투자하려면 엄청난 리스크를 감당해야 하니 마음이 영 찜찜하다. 최근 KB

금융 경영연구소가 발간한 '2021 한국부자富者보고서'에 따르면 금융자산을 10억원 이상 보유한 '한국 부자' 중 70.0%가 '암호 화폐에 투자하지 않을 것'이라고 응답했다. 전체 응답자 중 '향후 암호 화폐 투자 의향이 있다'는 응답은 3.3%에 불과했고, '상황에 따라 투자 의향이 있다'는 응답은 26.8%를 기록했다. 부자들이 암호 화폐 투자를 꺼리는 이유로는 금융자산규모와 상관없이 응답자의 절반 이상이 '투자 손실 위험이 커서'를 1순위로 꼽았다. 다음으로는 '암호 화폐 거래소를 신뢰할 수 없어서'(42.3%)를 꼽았다.

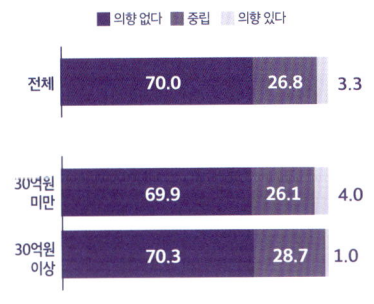

금융자산규모별 향후 암호화폐 투자 의향

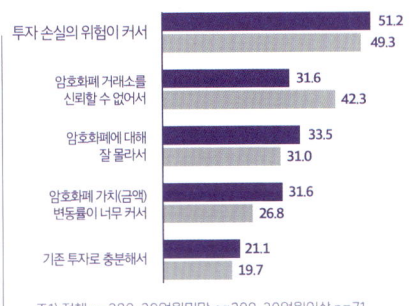

금융자산규모별 암호화폐 기피 이유

자료 : 2021 한국부자(富者)보고서(KB금융 경영연구소)

MZ세대들은 이런 데이터 확보와 자료 분석에 능하다. 부자들이 전통적인 안전자산인 금이나 미술품에 투자를 하는 것을 선호한다는 것을 이들은 알고 있다. MZ세대들이 투자를 할 때 중요하게 생각하는 것은 수익성, 안전성, 환금성이다. 다 아는 것처럼 재테크의 기본적인 원칙에 충실한 것이다. 그런 이들에게 N분의 1의 소액으로 자산을 획득할 수 있다는 것은 충분히 매력적인 조건이다. 공동구매를 통해 소비재를 구입하는 것은 이미 익숙하다. 거기에 자산으로서 가치를 인정받은 어떤 것을 공동으로 구매를 한다면 심리적인 안정감까지 얻을 수 있다. 그 자산이 유니크Unique하고 트랜디Trendy하다면 금상첨화다. 그런 그들에게 조각낸 미술작품이라는 자산은 충분히 매력적이다. 여기저기를 비교 해봐도 충분히 좋은 재테크용 자산인 것이다.

미술품 조각투자 플랫폼

'미술품을 조각으로 소유하다'

사실 이 부분은 기존의 미술시장 종사자들에게는 충격으로 다가온 부분이다. 미술품을 조각을 내서 소유한다는 것이 말이 되는가? 미술품은 완전체로서 향유하고 감상을 해야 하는데... 그러면 그건 더 이상 미술품이 아니다. 나 역시 미술품을 조각내어 상설로 사고파는 거래 플랫폼을 만든다고 이야기를 하고 다닐 때 미친놈 소리를 정말 많이 들었다. 하지만 의외로 이 구조의 일반적인 프로세스는 아주 간단하고 명료하다. 미술품을 자산으로 이해를 하면 더 쉽게 이해가 된다.

온라인의 플랫폼 사업자가 먼저 작품을 구매한다. 그리고 기업

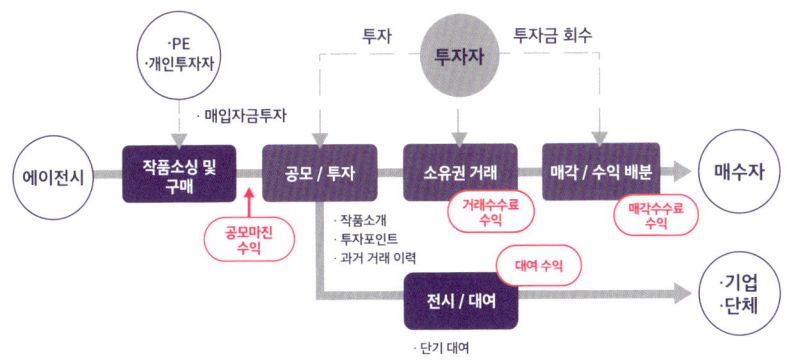

자료 : [쇼핑지식]테사(2)승자독식 미술품 분할소유권 시장, 그로스 해킹으로 앞서가라

미술품 분할 소유 프로세스

의 주식을 나누듯이 그 소유권을 투자금액에 따라 나누어 배분한다. 향후 미술품의 가격이 상승을 하면 구입가보다 더 비싼 가격에 되팔고, 거기에서 발생한 이익을 소유권의 분량만큼 배분을 하는 것이다. 공동구매 형식이라고 할 수 있지만 시세차익을 목표로 하고 있기 때문에 일반적인 공동구매의 대량구입을 통해 구입단가를 낮추는 것과는 다른 프로세스라고 할 수 있다.

또한 렌탈을 통해 수익을 발생시킬 수도 있다. 작품의 소유자들이 지분을 가지고 있는 동안 중계 플랫폼에서 해당 작품을 갤러리나 다른 건물 전시 등에 빌려주었을 때 그 임대 수익을 받는 방식이다. 조각투자는 몇 천원 단위부터 수십만 원 단위까지 비교적 소액으로 간편하게 투자를 할 수 있는 상품이 대부분이다. 무엇보다 자신이 관심을 가지고 있는 작품이나 작가에 투자를 하는 과정에서 누리는 즐거움 역시 상당하기에 MZ세대에게서 인기를 얻고 있다. 무엇보다 대박을 노리고 빚투를 시도했다가 브레이크 없는 하락세를 경험한 그들에게 안전하게 투자를 할 수 있다는 것도 큰 장점이다.

시세차익이나 렌탈수익 등을 통해 대표적인 미술품 분할 소유권 플랫폼기업들이 상당한 수익률을 보이고 있기에 투자업계 역시 미술품의 투자자산의 가치를 인정하고 본격적으로 미술품조각 플랫폼에 투자를 시작했는데 대표적인 미술품 조각투자플랫폼은 다음과 같다.

국내 플랫폼

태사 TESSA | 국내 대표적인 조각투자플랫폼으로 미술품의 소유권을 1/n로 분할해 1000원 정도에 판매를 한다. 테사의 가입자의 60%는 20대~30대이며 재구매율이 40%이상이 될 정도로 조각투자의 대표적인 플랫폼으로 자리매김을 하고 있다. 영국의 아티스트 데이비드 호크니 David Hockney와 그래피티 아티스트 장 미셸 바

스키아Jean Michel Basquiat, 뱅크시Banksy의 작품들을 비롯해 키스 해링Keith Haring, 제프 쿤스Jeff Koons, 데미안 허스트Damien Hirst, 쿠사마 야요이Kusama Yayoi, 앤디 워홀Andy Warhol, 마르크 샤갈Marc Chagall등의 작품들이 거래되고 있으며, 뱅크시의 작품은 3분 만에, 데이비드 호크니의 작품은 4분 만에 완판 되기도 했다. 소유권에 대한 매각은 초기 공모가 대비 15% 이상의 수익이 났을 때만 가능하고, 작품마다 수익률이 다르지만 평균적으로 20% 안팎의 수익률을 내고 있다고 한다. 매각 때까지 기다릴 수 없는 투자자들을 위해 보유하고 있는 소유권을 팔 수 있는 마켓플레이스도 마련되어 있고, 테사 회원을 위해 실제 작품을 관람할 수 있는 갤러리도 운영하고 있다. 또한 별도 미술품 전시를 통한 렌탈비 발생 시 수익을 추가로 기대할 수도 있다. 2020년 월 3천만 원 수준의 거래액이 2021년 20억 원 수준으로 급상승 할 정도로 많은 관심을 모으고 있으며 어플 사용이 용이해 MZ세대가 가장 많이 사용하고 있다.

아트앤가이드 Art n Guide ｜ 신라호텔과 아트앤가이드의 콜라보를 통해 투숙객이 미술품 소유권을 동시에 구매하는 이벤트로 많이 알려진 미술품 조각투자플랫폼이다. 국내 최초로 미술품 분할

소유권 판매를 개시했다. 구입금액은 1만원부터 100만원으로 나누어져 있고, 공동구매시 수수료가 없다는 장점도 있다. 구입한 금액의 일정부분을 포인트로 돌려주는 데 이때 쌓인 포인트를 작품 구매 시에 활용할 수 있다. 작품을 다른 곳에 대여해서 발생하는 추가수익은 없고 회원들 간 소유권 거래가 가능한 마켓도 없지만 기본적인 매각률이 좋아 재테크하는 사람에게 적합할 수 있다. 작품 구매 시 100% 현금만 가능하다. 미술품 조각구매 뿐 아니라 온라인 옥션, 오픈마켓, 온라인 아트페어 등으로 사업을 확장하고 있다. 아트앤가이드를 운영하는 열매컴퍼니는 최근 92억 원 규모의 시리즈A 라운드 투자를 유치하기도 했고, 소프트뱅크벤처스, 산업은행 등이 투자자로 이름을 올리기도 했다.

Art Together

아트투게더 Art Together | 2022년 1월 기준 공동구매 작품수가 100점을 넘어간 플랫폼이다. 분할된 소유권이 1개당 1만원이라 부담 없이 참여할 수 있다. 작품을 구입하려면 미리 예치한 예치금으로 구입할 수 있으며 공동구매시 7% 정도의 수수료가 있다. 마켓 내에서 회원 간 소유권 거래가 가능하고, 렌탈사업도 병행하고 있어 추가수익도 기대할 수 있다. 다른 플랫폼과 달리 앱이 별도로 없어서 스마트폰을 활용하는 유저 입장에서는 불편할 수 있다.

소투플랫폼 sotwo | 소투는 소액미술투자의 줄임말로 '티끌모아 콜렉팅'이라는 슬로건을 내세우고 있다. 국내 1위 미술품 경매사인 서울옥션의 관계사인 서울옥션블루가 모기업인 플랫폼으로 전용앱을 통해 운영되고 있다. 다른 플랫폼처럼 매각 시 지분율을 나눠 갖는 리셀 조각투자가 주요 비즈니스 모델이며 1천원의 소액부터 작품구매에 참여할 수 있다. 공동구매는 예치금을 통해서 가능하며 공동구매 참여가 완료되면 소유권을 증명할 수 있는 보유 카드를 발행해 준다. 다만 공동 구매인 만큼 모집 기간 내 참여율이 100%에 도달하지 못할 경우 공동구매에 실패해 투자한 금액을 환불받게 된다. 그래도 평균 매각 수익률은 17%에 달하고, 최고 수익률이 211%를 기록한 적도 있었다. 서울옥션블루가 운영하는 것만큼 작품의 종류가 다양하고 회원 가운데 95%가 MZ세대이다.

닉플레이스 NIKplace ｜ NFT와 미술품을 구매 및 매매를 동시에 할 수 있는 토털 NFT 미술품 거래 플랫폼이다. 미술품을 구매했을 때 NFT를 함께 받을 수 있는 장점이 있다. 또한 부산 LCT의 갤러리 더 스카이와 갤러리닉 등과 연결이 되어 있어서 갤러리에서 그림을 구매했을 때도 동일하게 NFT를 받을 수 있다. 이렇게 구매를 한 NFT들은 닉플레이스를 통해 다른 사람들과 거래를 할 수 있다.

해외 플랫폼

해외에서는 최초의 미술품조각거래플랫폼인 마스터웍스, 메이세나스, 아트스퀘어 등이 성업 중이니 해외 플랫폼을 통해 다양한 투자시장을 경험해보는 것도 추천을 한다. 물론 해외플랫폼들이라 인증과 관련된 장애들이 존재를 한다.

MASTERWORKS

마스터웍스 Masterwork ｜ 2017년 설립한 마스터웍스는 미술품 조각 투자 시스템을 최초로 제공한 기업으로 10억 달러 이상의 기업 가치를 인정받고 있다. 평균적인 수익률은 13.6% 정도로 지속적으로 상승을 하고 있는 중이고 작품은 작가별로 등록이 되어있다. 각 작품의 미술사적인 지수, 좋아요 개수 등을 확인 할 수 있으며 기본적으로 회원가입을 해야만 작품 데이터를 열람할 수 있다. 아쉽게도 한국어를 지원하지 않는다. 마스터웍스의 운영 프로세스는 국내 플랫폼과는 다르다. 먼저 마스터웍스가 작품 소유권을 '증권'으로 만들어 분할 판매를 하고, 금융규제기관인 증권거래위원회 Securities and Exchange Commission, SEC에 해당증권을 등록한다. 이 점에서 실제 증권 등록 없이 소유권만을 주장하는 우리나라의 시스템과 차이가 있다. 장 미셸 바스키아 Jean Michel Basquiat, 키스 헤링 Keith Haring, 파블로 피카소 Pablo Picasso 등 자산으로서의 상품성이 높은 예술가의 작품들의 거래가 활발하며 이 성과를 토대로 2021년 미국의 대표적인 벤처 투자사가 참여한 시리즈A펀딩에서 1억 1천만 달러(1,298억 원)의 투자를 유치하기도 했다.

메이세나스 Maecenas │ 로마의 유명한 예술 후원가 가이우스 메이세나스Gaius Maecenas의 이름에서 기업명을 가지고 왔는데 일부 부유층에 국한된 것이 아닌 모든 사람이 미술작품을 볼 수 있게 하겠다는 기업모토를 가지고 있다. 초기단계에서부터 지금까지 탄탄하게 성공적으로 운영되고 있는 플랫폼이 메이세나스인데, 최근 1천5백만 달러 이상의 투자를 유치했으며, 2018년에 앤디 워홀의 '전기의자(1980년 작품)'의 지분 31%를 170만 달러 상당의 토큰으로 거래하면서 그 존재감을 알리기 시작했다. 미술품을 NFT 블록체인에 담아서 지분을 분할하는 형태의 플랫폼으로 투자자는 작품의 일정비율만큼의 자산토큰을 구매하고 상장되어 있는 모든 거래소를 통해서 쉽게 거래를 할 수 있다. 결제는 비트코인이나 이더리움 같은 암호화폐는 물론 메세나스가 자체 발행한 암호 화폐로도 할 수 있다. 하지만 토큰 같은 가상자산을 판매하려면 까다로운 인증절차를 거쳐야 하는데 신분증명을 메일 등으로 제출을 해야 하기 때문에 국내 회원의 가입률이 현저히 떨어진다는 단점이 있다.

아트스퀘어 Artsquare | 초창기에 이 시장에 뛰어든 기업 패럴홀시스Feral Horses를 2021년 6월에 아트스퀘어가 인수를 했다. 아트스퀘어는 기업 대 기업의 거래수수료와 기업 대 개인 간의 거래를 혼합한 모델로 주식거래 스타트업의 영역으로 발전되고 있다. 최소 1유로의 금액으로 누구나 미술품 거래를 시작할 수 있는데, 홈페이지에 회원가입을 한 후 로그인을 하고, 현재 판매되고 있는 작품의 지분을 구매하고, 이후 매각을 통한 청산 시기에 맞춰 돌려받는 형식이다. 거래는 전자지갑을 통해 유로나 가상화폐인 알고랜드Algoland로 거래를 할 수 있고, 거래된 지분을 사용자끼리 자유롭게 거래할 수 있다.

초기시장인 미술품 조각 거래 시 주의할 점

　미술품 조각플랫폼 비즈니스 모델이 아직 초창기이기에 감당해야 하는 리스크들이 있는 것도 사실이다. 이를 정리해보면 다음과 같다.

먼저 미술품 분할 소유권에 대해서 정확하게 이해를 해야 한다. 기업의 소유권을 나눠 판매하는 주식은 법률로 인정을 하지만 미술품의 분할 소유권은 법률로 인정하는 증권이 아니다. 물리적인 분할이 아니고 가격이 상승할 때 이익을 나누기 위해 임의적으로 분할한 소유권이다. 이를 위해 온라인 권리증이나 실물인증서를 제공하기도 하지만 금융기관에서 정식인가를 받은 기업이 아닐 때는 예금자보호법으로부터 보호를 받을 수 없다. 조각 투자 시장은 관련 법적인 장치가 없으므로 사각지대에 놓였다고 할 수 있다. 이로 인해 플랫폼 회사가 파산하는 등의 문제가 생기면 투자금을 회수하지 못하는 위험이 발생할 수 있고, 원금보장이 되지 않는다는 점도 명심을 해야 한다. 그리고 거래가 대부분 온라인으로 이루어지기에 작품의 진위 확인과 보험 등에 가입되어 있는지 등 꼼꼼하게 살펴보는 것도 중요하다.

또한 공동구매의 경우 소유권을 나누어 판매하고 보유하는 것이기 때문에 상대적으로 의사결정이 자유롭지 못할 수 있다. 따라서 신생 작가의 작품이라면 작품이 상대적으로 저렴하지만 시장에서 인정받는데 오랜 시간이 필요할 수 있다. 또한 작가가 갑작스럽게 작품 활동을 멈춘다면 기존 작품들의 가치가 0원이 될 수도, 몇 배, 몇 십 배가 오르는 등 알 수 없기에 잘 알아보고 선택을 해야 한다.

아트테크의 본격적인 발달과 미술품 향유의 변화

블록체인 등의 디지털 인프라의 발달, 코로나19로 인한 온택트 환경으로의 급속한 전환으로 발생된 MZ세대의 활발한 움직임은 이제 산업의 변화에도 많  은 영향을 끼치고 있다. 해외 골프 여행이 중단이 되면서 국내 골프시장 및 스크린 골프가 활성화 되고 이로 인해 MZ세대의 골프 진입장벽이 낮아지면서 2,30대 골프 이용자가 급격히 증가했고 해당 기업들은 이 변화에 맞는 마케팅을 활발하게 펼치고 있다. 또한 '플렉스Flex'를 중요하게 생각하는 MZ세대는 명품시장의 큰 손으로 성장을 했고, 이로 인해 주요백화점의 명품매출 중 2,30대의 비중이 급격하게 증가했다. 모바일뱅킹의 등장으로 금융서비스의 물리적 제약이 해소됨에 따라 카카오뱅크와 같은 네오뱅크가 2,30대를 기반으로 급격하게 성장하고 있다. 유튜브나 넷플릭스 같은 OTTOver The Top서비스의 주시청자 층도 2,30대로 예능, 뮤직비디오, 공연 등의 영상소비를 지상파나 케이블 방송이 아닌 OTT를 통해 소비하고 있다. 전반적인 산업의 기본적인 흐름이 MZ세대 중심으로 돌아가고 있는 것이다.

미술품 역시 다양한 산업분야와의 콜라보레이션을 통해 포괄적 아트테크에서 MZ세대 타깃의 마케팅을 활발하게 진행을 하고 있는 중이다. 특히 유통업계가 아트테크와 MZ세대를 겨냥한 마케팅을 활발하게 펼치고 있는데 롯데백화점은 백화점 갤러리를 전시 및 상시 판매 공간으로 재구성하고 모바일앱으로 볼 수 있는 갤러리관을 열어 테마별, 가격대별 다양한 작품을 선보이고 있다. 이마트24는 미술품공동구매 플랫폼인 아트투게더와 손잡고 줄리안 오피Julian Opie의 'Running Women'의 지분 소유권을 경품으로 내걸기도 했다. 앞에서 기술한 것처럼 서울 신라호텔은 호캉스를 선호하는 2,30대층을 겨냥해 한국화단의 거장인 박서보 화백의 작품을 호텔의 갤러리에서 직접 전시하는 것뿐만 아니라 숙박패키지를 이용하는 고객에게 공동소유권을 지급하는 마케팅을 펼치기도 했다.

신라호텔 폴인아트 패키지

롯데백화점 아트비즈니스 갤러리

이마트24 줄리안 오피 작품 지분 소유권 경품 이벤트

물론 전체적인 자본시장의 큰 손들은 기성세대 중심으로 구성되어 있고, 2021년 기준 80조 원에 달하는 세계 미술품 거래 시장 규모에서 대한민국이 차지하는 비중은 0.7% 정도에 불과하다. GDP 순위 11위인 점을 감안하면 지나치게 적은 수치다. 소득수준에 비해 미술품 거래가 활발하지 않다는 반증이다. 특히 유동성이 부족하고 비효율적이며, 가격이 불투명하고, 정보의 제공이 평등하지 않으며, 소수에 의해 주도되는 경향을 보이는 시장이 미술품 거래시장이라는 것이 일반적인 시선이다. 하지만 아트테크라는 자산 획득의 새로운 패러다임과 함께 아트파이낸싱 시장이 급격하게 성장하고 있다. 그 중심에 MZ세대가 있다는 것은 부인할 수 없다.

 마지막 하나, 앞의 섹션들에서 살펴본 내용 중, 파인아트가 팬데믹 때마다 일반대중들에게 각광을 받았고, 그 확산 이유가 시대적 불안감에 따른 구원 등과 연관이 있다는 역사적 사실을 기술한 적이 있었다. 공교롭게도 지금의 MZ세대는 이 시대를 불안해하고 위기감마저 느끼고 있다고 한다. 세계적으로 만연한 경제적인 위기, 팬데믹, 환경오염, 온난화로 인한 해수면의 상승, 전쟁발발의 위기, 기술은 발달이 되지만 유토피아가 아닌 디스토피아적으로 가고 있다는 불안감 등... 어쩌면 우리의 MZ세대는 막연한 불안이라는 기저에 깔린 정서에서 벗어나고 싶은 것은 아닐까? 명상이 유행하는 이유처럼 말이다.

아트스탁 1기 상장작가

Let's be happy 2017
노충현, mixed media on canvas, 130x130(cm)

아트스탁 1기 상장작가

일출 2020
신홍직, oil on canvas, 97x162.2(cm)

ARTSTOCK

Chapter 3

미술로 돈을
벌어야 하는 이유

아트스탁 이야기

사명선언,
그리고 9가지 행동원칙

도대체 어떻게 미술로 세상을 조금 더 나아지게 할 수 있는가?

 이 사명선언과 행동원칙이라는 섹션에 대한 이해도에 따라서 당신이 앞으로 미술로 돈을 벌 수 있는가, 없는가가 좌우될 수도 있다. 본질과 흐름에 대한 이야기를 하는 것이기 때문이다. 방법론이라면 그동안 많이 나왔고 앞으로도 지겨울 정도로 많이 자산 시장에 등장할 것이다. 하지만 방법을 많이 알고 있는 것보다 본질과 이유와 흐름을 알고 있는 것이 명장의 기본인 것처럼 지금 이 사명선언과 행동원칙에는 보다 많은 사람들, 특히 이 땅의 젊은이들이 미술시장에서 돈을 벌고 자산을 획득할 수 있기 위해 갖춰야 할 기본적인 소양의 원리들이 담겨있다. 아마도 사고가 깊은 머리와 이해의 폭이 넓은 가슴을 가진 독자라면 이 섹션에서 앞으로의 자산 획득의 비밀들을 많이 발견할 것이라 의심치 않는다.

  자신의 한계를 넘어설 때 퀀텀점프Quantum Jump를 예로 많이 든다. 물리학의 세계인 양자의 영역에서 양자가 어떤 단계에서 다음 단계로 이동을 할 때 완전히 다른 계단으로 올라서는 것, 비약적인 발전을 통해 호전이 되는 경우를 이야기한다. 하지만 이건 물리학에서의 이야기다. 나는 사람이 가진 한계극복은 퀀텀점프를 통해서 일어나는 게 아니라 아주 조금씩 조금씩 온몸으로 밀고나가는 것에서 완성이 된다고 생각하는 사람이다. 자신만이 알고 있는 이 '조금의 법칙'이 타인에게는 퀀텀점프처럼 보일 뿐이다.

  아트스탁을 만든 것은 이런 조금의 법칙이 세상이 가진 불평등을 해소하는데 조금, 아주 조금이라도 도움이 되었으면 좋겠다는 생각을 행동으로 옮긴 것에 불과하다. 누구나 다 알고 있는 것처럼 다르다는 것과 평등하지 않다는 것은 완전히 다른 이야기다. 불평등은 사회의 악이고, 불평등한 세상은 모순덩어리이며, 불완전한 농축 플루토늄이다. 불평등은 전적인 사회적 책임이기에 사회적으로 해결해야 한다.

이에 불평등을 위한 노력들은 지속적으로 있었고, 대부분의 방식이 혁명이라는 모습이었다. 하지만 안타깝게도 그 혁명의 방식이 성공한 적은 단 한 번도 없었다. 혁명은 언제나 또 다른 불평등을 낳았으니까 말이다. 나는 불평등을 해소할 수 있는 방법에 대해서 고민을 했고, 그 방법은 급진적인 모습이 아니라 아주 조금씩이어야 한다고 생각했는데 – 물론 더 좋은 생각과 방법을 찾지 못해서 일수도 있다 – 그때 나에게 나타난 것이 앞에서 기술한 파인아트이다. 파인아트는 자산으로서의 가치는 물론 규모로서의 자산의 기능도 가지고 있었다. 게다가 파인아트에는 아주 독특한 히스토리가 있었다. 특별한 소수의 사람들의 문화에서 서민의 삶으로 연결이 되고, 자산으로서의 스위치 역시 서민이 활성화시켰다는 히스토리 말이다. 그리고 무엇보다 조금씩 사람들 안으로 들어가 불평등을 평등의 형태로 바꿀 수 있는 특별한 기능이 아주 아름답게 새겨져 있다. 볼 수 있는 눈이 있다면 보인다.

그리고 또 하나, 이 사명선언과 행동원칙을 통해 나는 독자들에게 예술이라는 특수성과 그 깊이와 그 가치를 알고, 예술의 깊은 정신과 숭고함을 알아달라고 하고 싶은 마음이 전혀 없다는 것을 전하고 싶다. 독자들에게 그런 마음과 가치와 깊이를 이해하고 예술가와 같은 수준의 정신세계를 가져달라고 하는 것은 어불성설이다. 나는 예술가가 아니고, 그런 마음을 가지고 아트스탁을 만들지 않았고, 이 글 역시 그런 의도로 쓰는 것이 아니니까 말이다.

나는 기업가이고, 굳이 범주를 하나 만들자면 미술시장 종사자? 관계자? 또는 미술시장저변인 뭐 그 정도일 것이다. 솔직하게 말한다.

  앞에서도 이야기 한 것처럼 예술가들은 아주 특별한 창조의 코드를 가지고 있다. 하지만 그 창조적인 코드를 가지고 있다고 해서 그들이 만들어 낸 작품, 그 작품이 거래되는 시장, 그 시장에 종사하는 사람이 특별한 것은 아니다. 모든 상품들은 가치가 있고, 그 가치대로 의미가 있다. 미술도 잘 모르면서 이 사업을 왜 하느냐고 물어보는 예술계 사람들이 많다. 예술이라는 것은 그런 게 아니라고 눈에 쌍심지를 켜는 사람들도 많이 만나봤다. 나는 그들에게 어떤 대답도 하지 않는다. 하지만 하나 확실하게 내 안에 가지고 있는 기준은 예술이라는 것은 아주 위대한 가치를 가지고 있지만 예술만이 특별하다는 것은 아니라는 것이다. 다른 것이다. 초절정의 예술품이 주는 감동이, 태평양을 논스톱으로 가로지르게 하는 초대형 항공기의 신비로움보다 결코 나은 것은 아니다. 선대先代가 가지고 있는 경험과 식견과 통찰력이 MZ세대가 가지고 있는 디지털에 대한 높은 이해도와 온라인 활용능력과 커뮤니케이션 능력보다 가치가 있다고 생각하지 않는다. 다른 것이다. 모든 가치 있는 것은 동일하게 특별하다. 이 개념을 이해해야 미술품으로 평등을 위한 '조금의 법칙'을 이룰 수 있다고 생각을 한다.

아트스탁에 상장되는 작품들 대부분이 현존하는 중견작가의 작품인 이유가 여기쯤에 있다. 미술품들은 대부분이 작가 사후에 고평가가 되는 것이 일반적이다. 당연히 생존작가의 작품의 가치 역시 상대적으로 낮게 평가가 되어 있다. 이 기본적인 흐름은 여전하고 쉽게 바뀌지 않을 것이다. 미술품은 시간이 지날수록 희소성이 상승하고, 이로 인해 가치 역시 올라가니까 말이다. 하지만 블록체인 등의 등장과 작가 및 소비자의 인식변화를 통해 희소성과 가치가 작가 사후 이전에도 충분히 보장을 받을 수 있는 시대로 변하고 있다. 팝아트와 설치미술 중심의 현대미술에서는 이미 활발하게 진행이 되고 있고, 오히려 작가 사후 이전에 소통의 장점을 최대한 발휘한 작품들이 고가로 거래가 되고 있다. 나는 오늘 잘 살고, 오늘을 아주 성공적으로 보내고 싶다. 그런 오늘이 창작으로 연결되고, 창작된 미술품이 유통되고, 다시 소비를 거친 후, 창작에 영향을 주어 새로운 창작의 기폭제가 되었으면 좋겠다. 흐름과 순환구조가 되어야 자산의 기본 기능에 충실해질 것 아닌가?

본격적으로 사업을 시작한 나이가 27세였다. 하지만 현재 두 배의 나이를 먹은 내가 27세의 나보다 현명하다고 생각하지 않는다. 시간을 갖고 천천히 복기를 해보면 그때의 자신감과 열정이 더해진 풋풋함 속의 현명함이 오히려 부럽기도 하다. 아트스탁, 아트테크, MZ세대의 재테크, 블록체인 기반의 예술품 거래 플랫폼... 이런 젊은 단어들보다 경험으로 잔뜩 무장된 기성세대가 현명할 것이라고 생각하지 않는다. 이유는 아주 단순하다. 시대와 시대를 정의 할 때 과거는 유물이고, 현재는 극복해야 할 존재이고, 미래는 비전과 뜻을 두어야 할 숭고한 존재라는 말들에 동의하지 않기 때문이다. 과거와 현재와 미래는 어깨를 나란히 하고 달려가는 존재이다. 신구세대 역시 동일하다. 어깨를 나란히 하면서 서로 소통의 시그널을 주고받는다. 단지 그 시그널을 주고받을 때의 편리함을 위해 만든 것이 사명선언이고 행동원칙이다. 그리고 이 행동원칙에 감히 미술로 세상을 조금은 낫게 할 수 있는 비전들이 담겨있다고 생각한다.

아트스탁 1기 상장작가

오름 위에 부는 바람 2021
백광익, mixed media, 50x100(cm)

행동원칙 1
죽지만 말자

모두가 안된다고 말하는 디폴트값에서 승리하는 법

 디폴트값이 무엇인지 알 것이다. 보통 프로그램에서 사용자가 특별한 값을 정하지 않아도 컴퓨터 자체에서 저절로 주어지는 값을 이야기하는 용어로 일반적으로 기본적으로 주어지는 밑바탕을 통칭한다. 아트스탁을 기획하고, 뜻을 함께 하는 사람들을 모으고, 비즈니스 구조와 설계를 가열차게 하면서도 우리가 도출한 디폴트값은 언제나 '안 된다'였다. 한 번도 시도하지 않았던 것들을 시도하기에, 현재의 레거시한 구조가 원하는 것을 하는 것이 아니기에, 실제로 구현이 되었을 때의 반응을 전혀 예측할 수 없었기에 사방의 모든 디폴트값은 '안 된다'였다. 모두가 진심을 다해서 안 된다고 했다. 하지만 그래서 우리는 더욱 절실하게 진심을 다했다. 죽지만 말자고 외치고, 이 구호를 삶에 적용을 했다. 그러자 신기하게도 안 된다는 디폴트값에서 오히려 가능성을 발견한 사람들이 나타나고 모이기 시작했다.

골드뱅크라는 벤처기업을 성공적으로 만들고 운영하며 승승가도를 달리다가 여러 가지 이유로 바닥으로 곤두박질쳤다. 심기일전해서 다시 시작한 몇 가지 사업에서도 실패를 맛봤다. 잠시 멈추는 것이 필요했다. 일단 살기 위해서 쿠팡의 물류센터에서 일을 했다. 아트스탁을 시작하기 전까지 일을 했으니 꽤 오랜 기간 일을 한 것 같다. 생각을 정리하거나 육체노동을 통해 무엇을 깨닫기 위해서가 아니었다. 죽지 않기 위해서 일을 했다. 그때 두 가지 결심을 했었던 것 같다. 노동으로 녹초가 된 몸을 뉘이며 결심을 했다. 다시 한 번 결심하지만 나는 절대 죽지 않을 것이다. 죽지만 않으면 어떻게든 기회는 오게 되어있다. 기회가 문턱을 넘어왔는데 그 전에 포기하고 거꾸러지는 멍청한 짓을 하지 않겠다고 결심했다. 그것이 망상에 불과해도 말이다. 또 하나의 결심은 이런 생각을 나 혼자만 해서는 안된다는 것이다. 우리의 오장육부에서 중요하지 않은 것은 없다. 무엇 하나라도 고장이 날 경우, 직접적으로 사망에 영향을 주지는 않아도 어떻게든 악영향을 미친다. 그렇게 서서히 죽어간다. 나 혼자만 죽지 않는 것이 아니라 나의 오장육부가 죽지 않아야 한다. 회사는 대표의 '절대 죽지 않기 위해서 죽도록 일하겠다'는 독야청청한 일사각오로 이루어지는 것이 아니라 구성원 모두가 같은 마음을 공유해야 하는 것이었다. 그 동안 내가 갈고 닦아온 기개와 일사각오의 정신이 함께 일을 하는 동료들에게 정확하게 전달이 되었는가 하는 통렬한 반성이 되었다. 그렇다고 모두 다 죽을 각오로 열심히 하자는 꼰대식의 슬로건을 말하는 게 아니다. 우리 구성원 한명 한명이 너무나 소중하니 우리 제발 죽지 말자, 소모되지 말고 산화되지는 말자는 것이다. 사실 죽지만 말아 달라는 애원이기도 하다.

  이 원칙은 지금의 청년세대들에게 전하고 싶은 말과 연결이 된다. 경제라는 부분은 우리의 삶과 떨어질 수가 없다. 경제의 풍성함과 경제의 고갈의 차이는 사람들의 극단적 선택의 기준이 되기도 한다. 대한민국은 연간 자살률이 인구 10만 명당 26.6명으로 OECD 국가 순위 1위다. 1일 평균 자살 사망자 수는 37명이고 그 자살의 원인의 상당부분이 경제 때문이다. IMF때는 자살률이 무려 42%까지 치솟았고, 지금의 자살률 역시 코로나로 인해 사망한 것보다 현저히 높다. 한국에서의 자살은 마치 팬데믹의 그것 같다. 하지만 내게 더 충격적인 건 10대부터 30대의 사망원인 1위가 자살이라는 것이다. 가슴이 먹먹해지고, 머리가 멍해진다. 이건 경제의 급성장은 이루었지만 내부는 들여다보지 못한 대한민국의 부끄

러운 이면이고, 그 절대적인 책임은 기성세대에 있다. 또한 이 책임은 국가에 있고, 정치에 있고, 사회에 있다. 절망을 해결하기 위해 만들어 놓은 공동체가 절망을 해결하지 못하고 더 큰 절망을 주는 구조를 지금의 기성세대가 만들어 놓았다. 그러고서는 상황과 비전을 시뮬레이션을 해보라고, 예측해보라고, 가능성을 분석해보라고 별 시답지 않은 말투와 메마른 감정으로 툭툭하고 던진다. 그래봤자 절망이라는 디폴트값만 산출이 되는데 말이다. 이것 때문에 나는 지금도 날마다 통렬히 반성을 하고 뜨거운 눈물을 흘린다. 너무나 미안하기 때문이다. 불완전한 구조에서 기성세대가 만들어 놓은 비전에 목숨을 걸라고 하는 것은 너무나 무책임하다.

어린 시절 나는 국가라는 구조가 강제하는 몇 가지 방법과 그 모순에 불만이 있었다. 애국가를 각 잡고 강제로 부르게 하는 것이 싫어서 일어서지 않은 채 불렀고 - 물론 진심으로 부르기는 했다 - 교련시간은 사람들이 서로를 죽이는 연습을 하는 것 같아서 수시로 도망을 다녔다. 사람과 사람으로 이루어진 공동체가 매끄럽게 돌아가도록 윤활유 역할을 해야 할 국가가 사람을 감시하고 통제하는 게 이해가 가지 않았다. 인간이 인간을 통제한다는 건 너무나 자연스럽지 못한 구조가 아닌가라는 생각을 끊임없이 했었던 같다. 그건 지금도 마찬가지다. 무언가가 무언가를 통제한다는 것은 인간과 인간 사이에서 일어나서는 안 되는 영역이다. 신의 영역이다. 인간이 인간을 통제하면 가장 먼저 사라지기 시작하는 것이 창조력이기 때문이다. 아니 창조력을 집중적으로 공격을 한다는 것이 맞는 것 같다. 창조력을 공격받으면 인류는 그 자리에 멈춰버린다. 멈춰버린 인류는 결국 굶어죽는다. 인류의 역사는 전적으로 창조력에 의해서 만들어져 왔기 때문이다. 그게 없다면 동물과 무슨 차이가 있단 말인가. 그럼에도 불구하고 통제의 공격은 멈추지 않는다. 인류가 존재하는 한 이 구조적인 공격은 계속될 것이다.

아트스탁이라는 새로운 플랫폼을 함께 만드는 동료들에게, 다른 한편으로는 우리의 미래 세대들에게 다시 한 번 진심을 담아 고한다. 절대 죽지만 말자. 기회라는 것이 모든 문제를 해결하는 만능키는 아니지만 기회는 살아있는 자에게 온다. 그러니 절대 죽지만 말자. 살아있는 것 자체가 성공이니까. 진심으로.

아트스탁 1기 상장작가

lightscape - gate 2010

김완, mixed media, 150x150(cm)

행동원칙 2
이끌든지, 따르든지, 빠져있든지

IQ, Intelligence Quotient가 아닌 Insight Quotient

직관 또는 통찰력이라는 한글보다는 인사이트Insight라는 말이 좀 더 내가 전하고 싶은 마음을 포괄적으로 잘 반영할 수 있을 것 같다. 이 인사이트라는 것은 시대의 구루GURU나 선각자나 리더에게만 필요한 것이 아니다. 인사이트는 사회를 구성하고, 기업과 가정을 구성하는, 구성원이라고 명명할 수 있는 모두에게 반드시 필요하다. 그리고 이 인사이트를 통해 내가 밟고 서있는 곳은 어디인지를 파악하고. 그 곳에서의 나의 위치, 즉 스탠스를 정확하게 인식해야 한다. 이 인식의 차이가 완전히 다른 결과를 가져온다.

아트스탁은 세밀하게 계산된 정확한 시스템을 기반으로 돌아가고 있지만 그 안에 담겨있는 기본적인 행동원칙 중 하나인 '내가 지금 어디에 있는지를, 어떤 역할을 하고 있는지'를 정확하게 체크하는 것을 통해 돌아가고 있다고 봐도 무방하다. 그건 아트스탁의 핵심인 상설 거래 플랫폼이라는 프로그램이 돌아가게 하는 강력한 힘 중 하나이기도 하고, 아트스탁을 통해 자산을 창출하고 획득해야 할 모든 이해관계자들에게 전하고 싶은 마음이기도 하다.

최초의 인류가 탄생한 후 인류는 한 번도 멈춘 적 없이 지속적으로 앞으로 나아가고 있다. 그 과정에서 원하던, 원치 않던 역할이라는 것이 생긴다. 아트스탁이라는 시스템 안에서도 기획자, 개발자, 운영자, 대외업무를 맡은 자, 자금조달을 맡은 자, 마케팅 하는 자, 광고하는 자, 회사가 돌아가도록 기름을 치는 자 등 맡은 역할들이 있다. 이들은 때로는 개인적으로, 또는 필요에 의해서 팀으로도 움직이며 맡은 역할을 해낸다. 지금 아트스탁은 이 역할의 정확한 정의와 포지셔닝의 적합성을 높이는 과정에 있다. 우리는 아트스탁을 통해 새로운 자산을 만들어내는 일을 해내고 있는 중이기 때문이다. 정확한 역할의 정의와 포지셔닝의 적합성을 기반으로 한 구축이 선행 되어야만 그 이후 역할들이 유기적으로, 효율적으로 연동될 수 있기 때문이다. 그래야만 새로운 자산을 만들어 내는 게 가능하다.

어떤 일이든 마찬가지이다. 그 일이 제대로 돌아가기 위해서는 참여하는 모든 이들에게 각각의 역할이라는 것이 생긴다. 자연스럽게 만들어지기도 하고, 타의에 의해서 만들어지기도 한다. 하지만 중요한 건 그 역할을 받아들였을 때의 태도. 해야 할 이유를 분명히 발견하면 정확하게 그 상황을 앞장서서 이끌고, 그것이 문제가 분명히 있다고 판단이 된다면 정확하게 반대를 해서 확실하게 멈춰버려야 한다. 또 도저히 합의에 이를 수 없는 대치의 상황이라고 판단이 되고, 거기에서 나의 역할이 없다고 하면 뒤로 빠지는 것이다. 한마디로 나의 스탠스와 포지셔닝을 정확하게 하라는 것이다. 지금 이야기 하는 것이 사회생활에서 가장 어려운 부분일 수도 있다. 엄청난 용기를 요구하는 일이기도 하다. 하지만 이것을 해내야만 새로운 가치를 창출하는 일을 할 수 있다. 먹고 살기 위해서, 이해관계 때문에, 성격이나 기질 때문에, 다른 꿍꿍이가 있어서 등등의 이유로 우리는 정확하게 자신의 스탠스를 밝히지 못한다. 이 스탠스를 정확하게 하지 못하는 사람들이 기업에, 또는 시스템에 퇴적이 될수록 삐걱삐걱 소리를 내고 망가지기 시작한다. 무엇보다 그 안에서는 새로운 것이 창출이 될 수 없다. 이런 자신의 스탠스를 정확하게 파악하기 위한 가장 중요한 능력 중 하나가 바로 인사이트이다.

아트스탁에서는 스탠스가 정확한 사람은 자유를 누린다. 출퇴근, 회의, 업무의 방법과 역할까지 최대한의 자유가 제공된다. 탁월한 인사이트에 의해서 스탠스를 정확하게 파악한 사람은 아주 건전한 상식을 가졌고, 이를 바탕으로 제로섬Zero-sum이 아닌 플러스섬Plus-sum의 게임을 할 수 있는 사람이라는 믿음이 우리에게는 있기 때문이다. 재미있게도 이런 사람은 본인에게 주어진 자유 안에서 또다시 인사이트를 넓히고 깊어지는 노력들을 한다. 무엇보다 자기가 맡은 영역에 대해서 정확하게 책임을 진다.

맞다. 건전하지만 유려하고, 유려하기에 유동성이 있는 사람만이 새로운 자산을 만들어내는 아트스탁의 도전에 참여할 수 있다. 틀리거나 잘못된 것을 안 하는 건 당연하다. 사람이기에 실수를 하는 것도 당연하다. 하지만 책임을 지는 것은 전혀 다른 이야기다. 그건 인사이트에 의해서 만들어진 깊고 넓은 발걸음에서 나오기 때문이다. 그게 아닌 통제에 의해서는 절대로 만들어질 수 없다.

상장을 앞둔 기업들 역시 평판관리에 집중한다. 하지만 오직 상장만을 목표로 평판을 관리하는 회사는 상장 이후 상당히 고전을 한다. 상장 이후의 평판관리가 상장 전만큼이나 중요한 것을 모르기 때문이다. 마찬가지로 아트스탁의 가장 핵심이 되는 작가들은 대부분 자신의 평판에 대해 만족하지 않는다. 극소수의 작가들을 제외하고는 자신이 부당한 평판 속에 있다고 생각을 한다. 하지만 자신의 평판을 관리하지도, 어떻게 관리를 해야 할지도 모른다. 나는 아트스탁이 아주 좋은 의미에서 작가의 평판관리 툴이 되었으면 하는 바람이 있다. 자신을 관리하고, 자신의 가치를 드러낼 수 있는 도구로서의 툴. 그렇게 되기 위해서는 아트스탁이 먼저 운영자와 작가, 작가와 소비자, 소비자와 운영자 등의 관계에서 자신의 스탠스를 정확하게 파악을 할 수 있는 도구가 되어야 한다. 그 역할을 위해 이끌든지, 따르든지, 빠져있든지 해야 한다고 천만번을 강조해도 부족하지 않을까? IQ를 'Intelligence Quotient'가 아닌 'Insight Quotient'로 바꿔야 하는 시대이다.

아트스탁 1기 상장작가

Meet 2008

고송화, oil on canvas, 100x200(cm)

행동원칙 3
먹고 죽은 귀신이 때깔도 곱다

잘 먹을 때 생기는 에너지의 미학

  이 행동원칙은 실제로 먹는 것에 대한 이야기일 수도 있고, 광의적인 의미로 우리의 에너지에 관한 이야기가 될 수도 있을 것 같다. 아트스탁을 만들기 시작하면서 동료들에게 가장 많이 한 이야기가 아마도 '잘 먹어야 한다'는 말일 것이다. 세계 최초의 미술품 상설 거래 플랫폼이라는 새로운 형태의 자산시장을 만드느라 지친 기색이 보이기라도 하면, 기존의 틀과 방법만을 선호하는 작가들이나 미술관계자들에게 시달릴 때도, 생각보다 많은 자금이 지속적으로 투입되고, 파트너 기업들과 의견이 맞지 않아 밤잠을 이루지 못할 때도 항상 말했다. 잘 먹어야 한다. 그것만은 지켜야 했다. 잘 먹어야 한다.

개인적으로 좋아하는 무라카미 류Murakami Ryū라는 일본인 작가가 있다. '한없이 투명에 가까운 블루'라는 책으로 일본 내에서 엄청난 반향을 얻은 작가로, 무엇보다 일본이 근대화라는 전국가적인 대목표를 달성을 하고 난 이후에 찾아온 상실감을 극사실적으로 묘사해 탐미주의 작가의 대표 주자가 되었다. 그런 그의 책 중에 '달콤한 악마가 내 안에 들어왔다'라는 요리에 관련된 에세이의 서문을 보면 아주 재미있는 말이 적혀있다.

'1980년대 일본의 거품경제가 한창이던 시절, 나는 집필을 위한 에너지를 확보하기 위해 세계 각국의 최고의 호텔에 머물고, 최고의 스위트룸에서 사치스럽고 진귀한 음식을 맛보는 것에 인생 최고의 낭비를 했다. 하지만 곧 일본의 거품경제는 끝이 났고, 이후에 잃어버린 20년이라는 혹독한 장기불황의 시대를 맞았다. 그때 나는 낭비벽을 그만두고 검소하고 청렴한 방법으로 영감을 찾기 위해서 노력했을까? 아니다. 나는 동일하게 호화로운 호텔에 머물고, 미슐렌 별3개짜리 레스토랑을 제패하면서 작품 활동을 이어나갔다.'

나는 그에게서 사치에 빠진 타락한 아티스트, 또는 철들지 않은 사회부적응자의 과시 같은 모습을 보지 않았다. 그것보다 작가로서의 에너지를 유지하기 위해 최선의 방법을 찾는 한 명의 아티스트가 보였다. 탐미를 표현하는 것에 집중하기 위해 어딘가에 숨겨진 에너지를 찾아 획득하려는 예술가만이 보였다.

나는 진실로 내가 사랑하는 동료들이 육체적으로나 정신적으로나 에너지를 잃지 않길 소망한다. 그들이 허기에 지지 않도록 가장 좋은 것들을 기분이 좋은 상태에서 잘 먹길 바라고, 그들의 삶과 일이 좋은 에너지로 날마다 풍성하길 바란다. 그리고 그들은 실제로 그렇게 함으로서 일과 삶에서 좋은 에너지를 만들어내고 있다. 이런 나의 바람이 아트스탁이라는 플랫폼에 차곡차곡 반영이 되고 쌓이길 바란다. 아트스탁의 핵심은 바로 '상설'이기 때문이다. 상설이라는 것은 내가 팔고 싶을 때 팔아야 효력을 발휘한다. 이익을 보고 만족스러운 판매를 하던, 급전이 필요해 손해를 보고 어쩔 수 없이 팔던, 매수와 매도가 상시적으로 이루어져야 순환이 된다. 순환이 되어야 에너지가 생긴다. 아트스탁이라는 기업, 플랫폼은 지속해서 가치가 높고 좋은 작품을 상장해서 에너지를 불어넣고, 지분거래 플랫폼은 시장과 흐름을 반영해 쉼 없이 가치를 공유시킨다. 그리고 이용자들은 이를 통해 새로운 자산의 주인이 된다. 그렇게 혈색이 좋은 건강한 얼굴이 만들어진다. 그렇다. 혈색이 좋은 미술품 지분거래 플랫폼이 되는 것이 아트스탁의 목표다.

아트스탁 1기 상장작가

공존의 가치 2021
노혜정, oil on canvas, 162.2x112.1(cm)

행동원칙 4

신은 설교하지 않는다, 욕망이 가능하게 한다

욕망의 순기능만 뽑아내고 싶었다.

　최초의 인간이 금단의 선악과를 따먹는 죄악을 저지르고 난 후, 인간에게 생긴 영적인 질병 한 가지가 있다. 그것은 피조물이 창조자가 되려고 하는 것이다. 이것을 한 단어로 요약하면 '욕망'이다. 욕망이란 인간에게 치명적인 약점인 동시에 인간을 급속하게 발전시키는 요소가 되기도 한다. 인간은 일평생 돈, 명예, 행복 등을 쟁취하기 위한 욕망에 집중한다. 하지만 그 욕망은 좀처럼 충족이 되지 않는다. 욕망은 절대 만족이라는 것이 없다. 인간은 욕망이 있기에 현실에 안주하지 않고 무언가를 정복하고, 때로는 개선을 한다. 그로 인해 발전과 풍요를 가져오기도 한다. 욕구와는 완전히 다른 말이다. 인간은 동물이 아니니까.

플랫폼을 만드는 모든 사람들은 대부분 같은 생각을 한다. 많은 사람들이 모였으면 좋겠다. 빨래터, 우물가, 샘물가처럼 자연발생적으로 만들어진 플랫폼을 제외하고, 정거장, 공항, 터미널을 지나 우리가 익히 알고 있는 온라인 기반의 플랫폼들은 한결같이 단 한 사람이라도 더 자신의 플랫폼에 머물러 있기를 원한다. 매력적인 플랫폼일수록 머무는 시간은 길어지고, 머무는 시간이 길어질수록 머무는 자는 무언가 가치 있는 것을 남기기 때문이다. 그래서 플랫폼은 인간의 욕망을 끊임없이 자극한다. 하지만 이렇게 저렇게 설명을 하고 가르치려 하고, 인위적으로 그 당위성을 어필하는 플랫폼은 어떤 경우라도 성공할 수 없다. 의도가 보이고, 틀과 시스템이라고 느껴지면 사람은 불편함을 느끼기 때문이다. 하지만 잘 짜여진 구조 아래 적절한 환경을 잘 숨겨 놓은 플랫폼은 사람들의 욕망을 자극한다. 그러면 사람들은 모여든다. 그렇게 욕망이 움직이기 시작하면 무서운 힘을 발휘하고, 그 곳에는 자연스럽게 자본이 모여들고 또 자산이 형성된다.

예를 들어 승마, 경마, 경매의 흐름도 욕망을 기반으로 설명을 할 수 있다. 승마는 본래 생명이 있는 말과 일체가 되어야 하는 특수한 성격의 운동으로, 단순히 말만 타는 것이 아니라 신체를 단련하는 것과 기사도 정신을 동시에 기르는 정신력 기반의 생활스포츠로 시작이 되었다. 승마에는 균형감각과 유연성을 기르는 것은 물론 대담함과 도전정신을 함양하고, 또 거기에 동물을 애호하는 의미까지도 담겨있다. 하지만 인간의 욕망은 승마라는 고급 스포츠 가장자리에 경마라는 욕망의 도구를 만들어 붙였다. 욕망은 거기에서 더 나아가 경마를 기반으로 하는 경매라는 인프라까지 파생해 냈다. 인간이 욕망을 가지고 있는 한 자연스럽게 발생되는 프로세스다. 욕망이 구조라는 흐름을 타면 어디에나 이 흐름이 나타난다.

최근 가장 큰 이슈가 되고 있는 돈 버는 게임P2E, Play to Earn에 대한 정책마련을 하고 있는 국회입법조사처에서는 NFT에 대한 정책과 규제 마련의 필요성을 강조하면서 '가치중립적인 기술혁신이라고 해도 인간의 욕망과 결합되면 예측 못한 부작용도 잉태한다'고 분석을 했다. 맞는 말이고 중요한 말이다. 하지만 가상자산에 끊임없이 투자를 하고 있는 어떤 지인은 이렇게 이야기를 한다. '그 어떤 규제를 만들어내도 인간이 가지고 있는 욕망을 규제할 수 없다. 사람들은 가상자산의 가치에 투자하는 것이 아니라 인간이 가지고 있는 욕망에 투자를 하고 있는 것이다'.

하지만 우리가 반드시 알아야 하는 것이 있다. 인간은 사회적인 존재라는 것. 인간이 가진 욕망은 멀리서보면 지극히 개인적인 것처럼 보이지만 사실 가까이 다가가 보면 대중의 욕망이라고 할 수 있다. 욕망은 욕구와는 달리 다른 사람과의 관계를 전제로 하기 때문이다. 이 욕망에서 길을 잃지 않는 유일한 방법은 자아실현이다. 인정이다. 내가 어떤 자인가를 알고 또 인정을 하는 것이다.

사실 아트스탁을 설계하면서 이 부분에 대해서 집중적으로 고민을 했다. 인간이 가진 욕망이 흘러갈 수 있게 하면서도 그 욕망에 잠식되지 않게 돕는 것. 수많은 가상자산들을 거래하는 것처럼 할 수는 없었다. 그것은 욕망을 이용만 하는 것이니까. 나는 강원도의 어떤 OO랜드를 만드는 것이 아니고, 라스베이거스 같은 도박의 도시를 만들기 위해서 인간의 욕망을 자극하고 있는 것이 아니다. 나는 사람들이 자산을 갖길 원할 뿐이었다. 그때 떠오른 단어가 실제로 현실에 존재하는 미술품의 소유권이 거래되는 상설 시장이었다. 0과 1로 구성되어있는 가상의 디지털 세계에 투자하는 것이 아니라 실제로 존재하는 미술품의 실제 가치를 거래하는 것이다. 미술품을 상설로 거래한다는 것은 인간이 가진 욕망이 흘러가도록 물꼬를 터주는 것이라고 생각을 했다. 무언가를 끊임없이 지속적으로 지원해줘야 하는 시스템이 아니라 스스로 살아서 움직이는 생명체와 같은 플랫폼. 구조와 환경을 만들어 놓으면 생명력을 갖게 되고 살아서 움직이며 자산을 생산하는 플랫폼. 하지만 인간의 욕망이 없이는 상설플랫폼은 움직일 수 없다. 하지만 인간의 욕망만으로 움직이는 상설플랫폼은 금방 그 밑천을 드러낸다. 그래서 내가 고민하고 찾아낸 것이 철학의 구축, 정확한 철학의 구축이다. 변하지 않는 우리만의 철학 말이다.

아트스탁 1기 상장작가

Music for Yearing(갈망하는) 2012
문혜자, oil on canvas, 363x453(cm)

행동원칙 5
철학이 숫자를 이긴다

숫자를 이기는 콘셉트, 콘셉트를 넘어서는 철학

　기업은 언제나 고객이나 투자자에게 매력적인 숫자를 제시해야 한다. 고객에게는 구매를 유도할 수 있는 매력적인 가격이라는 숫자를, 투자자에게는 비전과 연계된 구체적인 이득이라는 매력적인 숫자를 제시해야 한다. 기업은 이 숫자를 보여주는 것에 게으를 수 없다. 하지만 이 숫자가 가진 한계를 뛰어넘을 수 있는 것이 바로 콘셉트다. 사람들은 콘셉트가 맞으면 숫자 정도는 거뜬히 넘어서는 판단을 할 수 있기 때문이다. 사실 비즈니스 모델이라는 것은 수많은 콘셉트들을 품고 있다. 하나의 콘셉트를 가지고 있는 것처럼 보이지만 크고 작은 수많은 콘셉트들이 톱니바퀴처럼 유기적으로 맞물려 있다. 단지 최종적으로 비즈니스모델이라는 거대한 외양을 드러낼 뿐이다. 이 콘셉트란 것은 너무나 강력해서 대부분이 싸움에서 숫자를 이겨 버린다. 아니 좀 더 정확하게 이야기를 하면 숫자에 집중하고 있는 시선들을 일시에 마비시켜버리는 것이 맞는다고 해야 할 것 같다.

콘셉트는 사업 전체를 하나로 꿰는 일관성의 정수精髓이고, 핵심 전략이며, 차별화와 독창성의 기준이 된다. 스타트업 시장이 워낙 치열하다보니 많은 창업자들이 비즈니스의 차별화를 위한 콘셉트에 대한 고민에 많은 시간을 할애를 한다. 하지만 콘셉트에만 침잠이 되면 하나 놓치는 것이 발생을 한다. 그건 바로 철학이다. 실제 자산과 자본의 트래픽을 장기간 유지시켜주는 것은 언제나 철학이니까.

콘셉트가 정확하면 독창성을 유지할 수 있다. 하지만 정확하고 확고한 철학을 가지고 있으면 크거나 작은 다양한 콘셉트들의 공격과 유혹을 넘어설 수 있다. 숫자를 이기는 콘셉트, 그리고 그 콘셉트를 넘어서는 철학이 정확해야만 바로 지속이라는 것이 생긴다. 이 책을 이 부분까지 읽으신 분들은 나의 모든 궤적들이 흐름, 유동성이라는 단어로 귀결이 된다는 것을 알아차렸을 것이다. 맞다. 나의 철학은 유동성을 기반으로 파생되었다. 유동성은 죽어있는 것을 살리는 것이고, 세세하고 소소하지만 균열로 연결이 될 수 있는 빈틈을 채우는 액체이다. 아트스탁이라는 비즈니스 모델을 처음으로 머리에 떠올렸을 때, 가장 먼저 스스로에게 질문을 했던 것이 바로 어떤 철학이 이 플랫폼을 움직일 수 있을까였다.

'Don't buy this Jacket'이라는 캐치프레이즈로 주목을 받은 아웃도어 브랜드 파타고니아Patagonia를 알 것이다. 노스페이스The North Face, 콜롬비아스포츠Colombia Sports와 함께 손꼽히는 세계 3대 아웃도어 전문 브랜드 중, 특히 MZ 세대에게 가장 사랑을 받는 브랜드이다. 정확한 콘셉트를 기반으로 한 디자인, 품질, 마케팅이 파타고니아의 특징이다. 하지만 파타고니아가 사람들의 눈은 물론 마음 안에까지 들어갈 수 있었던 건 파타고니아와 그 창업자가 가지고 있는 한결같은 철학 때문이다. 뉴욕타임즈에 자신의 제품을 사지 말라고 대놓고 광고를 하지만 사람들은 앞 다투어 파타고니아 제품을 구입한다. 그건 파타고니아가 CSRCorporate Social Responsibility, (기업이 지역사회 및 이해관계자들과 공생할 수 있도록 의사결정을 해야 한다는 윤리적 책임의식)에 진심인 친환경적인 기업이고, 실제로 제품 전반에 환경과의 동반을 반영한 소셜미션Social Mission의 가치를 담았고, 그럼에도 불구하고 제품의 퀄리티가 굉장히 뛰어나다는 것 때문만은 아니다. 나는 창업자 이본 쉬나드Yvon Chouinard 회장의

파타고니아 Don't buy this Jacket 광고

책 '파도가 칠 땐 서핑을'이라는 책에서 제대로 진심인 기업의 철학이 어떻게 시장에 유동성을 남기는지 볼 수 있었다.

'서핑에 매진하는 사람은 다음 주 화요일 오후 2시에 서핑을 하러 가는 계획을 잡는 게 아니라 파도와 조수와 바람이 완벽할 때 서핑을 간다. 스키는 습기가 없는 가루눈이 올 때 타러 간다. 좋은 시기를 놓치지 않으려면 언제든 바로 나설 수 있는 근무환경이 조성되어야 한다. 이런 생각이 '파도가 칠 때는 서핑을'이라는 이름의 근무시간 자유 선택 정책으로 자리 잡았다. 직원들은 이 제도를 활용해 좋은 파도를 잡고, 오후에 마음껏 암벽을 타고, 학업을 계속하고, 일찍 집으로 돌아가 스쿨버스에서 내리는 아이들을 맞이한다. 이런 유연성을 통해 자유와 스포츠를 너무나 사랑해서 엄격한 근무환경에 정착하지 못하는 귀중한 직원들을 얻을 수 있었다. 특권을 남용하는 직원들은 찾아보기 힘들다.(이본 쉬나드의 자서전 -파도가 칠 땐 서핑을- 중에서 발췌)'

경영자가 가진 진심의 철학이 이런 흐름을 만들어 냈고, 이 흐름이 파타고니아를 만들어낸 진짜 힘이라고 생각한다. 이 철학은 콘셉트를 넘어섰고, 매력적인 숫자도 넘어섰다.

나는 지금의 대한민국을 살아가는 청년들이 단군 이래 가장 똑똑하고 능력이 뛰어난 청년들이라고 생각 한다. 이들은 디지털기기를 다루는 기술이 타의 추종을 불허하고, 스스로를 향상시킬 수 있는 학습능력 역시 탁월하다. 생산성도 아주 좋고 소통의 잠재력도 풍부하다. 우리는 이런 청년들에게 무개념이니 무기력이니 지탄을 하고 나약하고 정신력이 형편없는 루저Loser취급을 한다. 이런저런 숟가락이라는 평가를 하면서 폄하를 한다. 하지만 솔직히 책임은 우리 청년들에게 있지 않다. 이들에게 제대로 된 철학, 진심의 철학, 그 철학을 기반으로 한 비전을 보여주지 못한 기성세대의 책임이다. 나를 포함해서 말이다.

 나는 이미 꼰대가 되었다. 그리고 그 어떤 충고나 조언을 해도 꼰대의 틀에서 벗어날 수 없다. 하지만 이렇게 자신 있게 말할 수는 있다. 기성세대에서 무엇을 배우려 하지 말고 빼앗아 버려라. 압도적인 실력 차이로 빼앗아 버려라. 하지만 그렇게 되려면 분명한 철학이 있어야 한다. 콘셉트에도, 매력적인 숫자에도 잠식되지 않는 철학을 가져라. 소통의 잠재력도 있고, 환경에 대한 이해력도 뛰어나니 잘할 수 있다. 이런 꼰대스러운 조언에 하나를 더해 내가 제공할 수 있는 것이 바로 아트스탁이다. 청년이 자산을 가질 수 있는 기회를 제공하는 것 말이다. 청년이 자산을 갖지 못하는 건 구조적인 문제이고, 기성세대의 낡은 고집이며 욕심 때문이니까. 청년은 자산이 아닌 아픔과 고통과 불안을 먹고 자라야 한다는 것은 너무 비겁한 기성세대의 궤변 아닌가? 청년들이 제발 나와 기성세대에게서 이 시대를 빼앗기를 간절히 바란다.

아트스탁 1기 상장작가

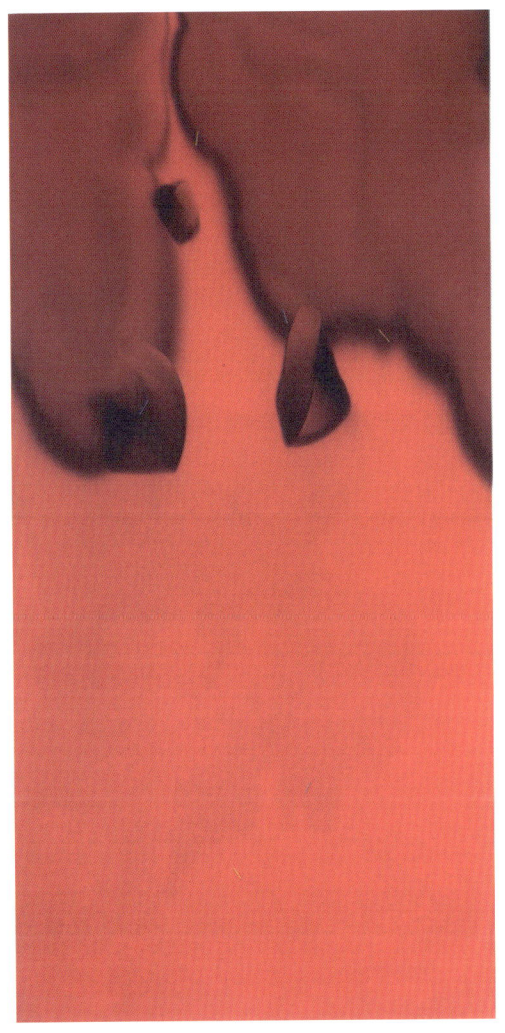

The Margins of Life 2017
강호생, acrylic color on the fabric, 265x130(cm)

행동원칙 6
닫힌 놈이 열린 놈을 이길 수 없다

**언택트(un-tact)에서 올택트(all-tact)로,
온라인(on-line)에서 올라인(all-line)으로**

　스페인 독감은 1918년에 미국 시카고에서 처음 발생해 약 2년간 전 세계를 휩쓸면서 1억 명에 가까운 사람들의 목숨을 빼앗아 갔다. 14세기에 유럽전역을 휩쓴 페스트 때보다도 훨씬 많은 사망자가 발생을 한 인류 최악의 팬데믹이었다. 스페인 독감이 다소 진정이 된 이후에도 거의 6억 명에 가까운 사람이 추가로 감염이 되었는데 당시 전 세계 인구가 16억 명이었으니 실로 놀라운 숫자가 아닐 수 없다.

이 팬데믹으로 인해 세계의 흐름이 급격하게 바뀌었다. 1차 세계대전이 종전이 되었고 - 물론 스페인 독감 때문만은 아니다 - 2차 세계대전의 원흉인 나치와 히틀러의 집권을 돕는 결과를 낳았다는 분석도 있고, 한국의 3.1운동에까지 영향을 미쳤다는 연구도 있다. 당시 조선 인구의 40%인 750만 명이 감염이 되었고, 사망자가 14만 명에 달했으니 일제의 수탈에 지친 민중의 반일 감정이 극에 달하게 만들었다는 논리다. 아주 정확하다고는 할 수 없지만 일면 동의하는 부분이다.

하지만 스페인 독감을 통해 진짜로 바뀐 것은 기존 세계경제질서의 급격한 변화였다. 그 동안의 세계경제의 패권은 영국이 쥐고 있었다. 하지만 1860년 전후로 영국을 강타한 감자기근과 더불어 미국의 놀라운 경제성장과 토지의 비옥화, 농업의 발달, 곡물수출을 통한 산업화의 발판마련 등으로 영국에서 미국으로 세계 경제 패권이 서서히 넘어가고 있는 분위기였다. 그런데 1차 세계대전과 맞물린 스페인 독감이 전 세계를 강타하면서 자본집약적 산업의 중심이 된 미국으로 경제의 축이 완전히 넘어가게 되었다. 명실상부 미국이 세계 경제의 패권을 쥐는 발판이 된 것이다.

여기에서 주의 깊게 보아야 하는 점은 다들 아는 것처럼 미국은 이민자들의 나라라는 것이다. 기본적으로 열려있는 개방성의 나라가 바로 미국이다. 1776년 7월 4일 독립선언을 통해 미국이라는 독립된 나라가 만들어질 때부터 세계경제의 패권을 쥐고 100년이 넘도록 세계 유일한 원탑 패권국가의 자리를 지키는 모든 과정에서 저지른 과오는 사실 말할 수 없을 정도로 많다. 또한 많은 나라들이 이 패권을 빼앗기 위해서 도전을 하다가 장렬히 전사를 했다. 독일, 러시아, 일본 등의 제국주의적 국가가 모두 호기롭게 이 패권에 군침을 흘리며 도전을 했지만 미국은 단 한 번도 그 자리를 내주지 않았다. 최근 중국이 차이나머니와 일대일로 신新실크로드 전략구상, 그리고 엄청난 군비투입을 앞세워 미국의 패권에 강력하게 도전을 하고 있지만 여전히 여러 면에서 당최 상대가 되지 않는다. 그 중 가장 큰 이유가 바로 '열려있냐'와 '닫혀있냐'의 차이 때문이다.

중국은 철저하게 닫혀있는 나라이다. 공산주의라는 이념을 기반으로 만들어진 나라이기에 - 중국 전체의 역사를 이야기하는 것이 아니다 - 전체주의적 시스템을 통해 철저하게 닫혀있다. 닫혀있다는 것이 마치 보호를 하는 것처럼 보이지만 사실은 그 어떤 것도 받아들일 수 없는 고립의 상태를 자처하는 것이다. 폐쇄의 특징은 보호가 아니라 생명력이 흘러들어가지 못한다는 것에 있다. 열려있어야 흘러들어가고 또 흘러나올 수 있다. 들숨과 날숨처럼 말이다. 생명력은 그때 생길 수 있다.

14세기. 베니스의 상인 마르코 폴로가 지은 동방견문록을 읽은 유럽 사람들에게 책 속에 묘사된 중국은 - 당시 원나라 - 고도로 발달이 된 선진문명국이었다. 당시 유럽사회와는 비교도 할 수 없을 정도로 월등한 생활환경과 문화 수준에 유럽인들은 감탄을 금치 못했고, 미지의 동방세계에 대한 동경이 온 유럽을 강타했다. 이후 열린 사고의 유럽은 전 세계를 향해 배를 띄우는 대항해시대를 열며 18세기 중반부터 폭발적인 경제성장과 근대적 변혁을 이루었지만, 정작 중국은 관료적 체제에서 벗어나지 못하며 민간을 억제했고, 사상과 이념을 통한 통제라는 길을 택하며 닫힌 사고를 선택했다. 전 세계가 인터넷으로 연결이 되고, 블록체인이 새로운 가치를 만들어 내고, 메타버스를 통해 시공간을 초월하는 소통이 창출이 되는 시대를 완전히 역행하고 있는 것이다.

게다가 닫힌 세계는 언제나 흔적 또는 기억을 독점하려고 한다. 독점을 위해 하나의 사고를 강요하고, 반발 또는 거부가 있을 경우에는 강제할 수 있는 도구들을 사용한다. 그런 환경에서 인간의 사고는 결코 다양성을 가질 수 없다. 흔적이나 기억이라는 과거는 사라지는 것이 아니라 오늘과 미래와 어깨를 나란히 하고 앞으로 걸어가게 하는 원동력이 되는데 그 원동력을 독점하고 강제하니 결코 앞으로 나아갈 수 없는 것이다. 하지만 열려있으면 부패하지 않는다. 물론 원하지 않는 것들이 유입이 될 확률도 높다. 그렇지만 열려있으면 자정이라는 것을 할 수 있다. 열려 있는 세계는 변화를 두려워하지 않고, 변화를 통해 단점은 버리고 장점은 취하는 취기소장取其所長을 할 수 있다.

아트스탁을 기획했을 때 가장 집중을 했던 것이 유동성이라면, 가장 많이 반영하려고 했던 부분이 바로 열린 플랫폼이라는 개념이었다. 좋은 작품을 만드는 작가는 객관적이고도 열린 평가를 통해 공모에 참여할 수 있고, 아트테크를 원하는 사람은 누구나 쉽게 작품의 공모에 참여를 할 수 있으며, 작품공모를 통해 획득한 지분은 상설거래 플랫폼에서 자유롭게 거래를 하고, 이를 통해 발생한 자산으로 재투자를 하고, 이를 기반으로 작가는 더욱 더 작품 활동에 집중을 하게 된다. 이로 인해 양질의 작품들이 만들어지고, 이 작품이 다시 열린 지분거래 플랫폼 안으로 유입이 되는 선순환 구조가 바로 아트스탁의 모습이다.

코로나19라는 팬데믹으로 언택트Untact 되었다가 온택트Ontact가 되었고, 다시 올택트Alltact가 되었다. 팬데믹으로 국경은 막혔지만 개방성이라는 환경은 더욱 넓어진 이 미지의 시대가 더욱 기대가 되는 것은 나만일까?

아트스탁 1기 상장작가

untitled 1 2020
임동훈, mixed media on panel, 162x130(cm)

행동원칙 7
멈춘 것을 흐르게 하라

항산(恒産)과 항심(恒心)으로 신자산(新資産) 시대를 열다

  집안에만 소장하고 있는 작품을 세상에서 유통되게 하는 것도, 기업 내에서 막혀있는 의사소통을 흐르게 하는 것도, 더 나아가 시대와 시대, 세대와 세대 사이가 꽉 막혀있는 것에 흐름을 주는 것도 모두 유동성이라 할 수 있다. 유동성을 경제이론에만 국한해서 이야기를 하기에는 우리 사회 곳곳에 흐름이 막혀있는 곳이 너무 많다. 그 흐름이 막힌 것은 인위적인 걸까? 아니면 세계가 가진 특성 때문에 어쩔 수 없는 것일까?

  미술시장의 확장을 통해 좋은 작가와 좋은 작품이 시장에 진입할 수 있는 판로를 개척하는 것도 중요하지만 이 시대와 사회에 필요한 자산이란 무엇인지, 미술시장에 왜 유동성이라는 것이 필요한지에 대해 쉼 없이 고민했다. 나는 미술시장에 유동성을 부여할 수 있는 방법에 대해서 치열하게 고민했다. 어떤 날은 거대한 희망의 구조물을 쌓아올렸고, 다음 날이면 좌절하며 동굴 속에 처박혔다가, 그 다음 날이면 희망을 가지고 새 시대를 설계했다가 또 다시 낙심하는 것을 반복했다. 1년을 그런 시간을 가졌다. 그만큼 유동성이라는 키워드는 나에게 절대적인 것이었다.

  쿠팡 물류센터에서 일하는 동안에도 컨베이어벨트를 타고 이동하는 엄청난 숫자의 택배상자들과 그것들을 싣기 위해 오가는 배송차량들을 보며 흐름에 대해서 정말 많이 생각을 한 것 같다. 날마다 새로운 택배상자들이 들어오고, 흘러 나간다. 그리고 그 자리를 새로운 택배상자들이 채우고 또 흘러나간다. 쿠팡 물류센터 화재로 인해 이 흐름이 잠시 멈춰진 순간을 경험했다. 아수라장이었다. 흐름이 멈춘다는 것은 죽음과 같았다. 그때 난 멈추지 않고 흐를 수 있는 시스템, 구조, 상태에 대해서 생각하고 또 생각했다. 그리고 결론을 내렸다. 멈춰있는 것을 흐를 수 있게 하는 것이야 말로 기업가만이 할 수 있는 재창조의 능력이었다. 예술가가 가진 창조의 코드가 시장으로 흘러가 가치가 되게 하는 그것이 모습을 드러냈다. 난 그 모습을 마음에 담고 쿠팡의 물류센터를 떠나 다시 기업의 세계로 돌아왔다.

  이 유동성이라는 기준으로 세상을 바라보면 그 속에서 내가 무엇을 해야 할지 쉽게 발견을 할 수 있다. 유동성이 없다는 것은 사회적으로도 별다른 의미가 없다는 것을 의미하고, 사회적으로 의미가 없다는 것은 결국 기업에 적합하지 않다는 것으로 해석할 수 있기 때문이다. 인류의 역사, 국가 간의 외교사, 인간관계까지 모두 비슷한 특징을 가진다. 생각이 열려있고, 그 생각을 기반으로 흐름이 생기면 국가도, 외교도, 나 자신조차도 뭔가가 잘된다. 그렇게 모든 것에 특별한 흐름이 있다는 것을 볼 수 있는 사람은 사람관계 역시 쉬워진다. 이 간단한 원리, 하지만 실제로 제대로 실천이 안 되는 원리를 어떻게 구체화시켜서 아트스탁이라는 플랫폼에 적용시킬 수 있을 것인가? 어떻게 하면 유동성에 강한, 아니 유동성을 날마다 창출하고 이끌어내는 플랫폼을 만들 수 있을까가 우리의 해결과제였다.

  우리는 이 흐름을 확보하기 위해 오히려 칸막이를 만들었다. R&D, 투자, 시스템 구축, 작품의 평가와 선정, 이용자들과의 접점이라는 각각의 역할에 스마트한 기능을 가진 칸막이 – 인사이트가 있는 칸막이 – 를 만들었다. 그리고 그 칸막이와 칸막이 사이에 수로를 냈다. 스마트한 칸막이는 평상시에는 아주 좁혀져 있어서 수로의 유속을 빠르게 한다. 하지만 유기적으로 협업을 해야 할 때는 칸막이가 완전히 개방되어 하나가 되게 한다. 일반적인 기업의 CEO들은 칸막이의 역할을 하려고 한다. 하지만 나는 그 수로의 역할을 해야겠다고 결심했다. 그렇게 하려면 나 먼저 이 흐름에 유연해야 했다. 아니 내가 먼저 흐를 수 있는 상태가 되어야 했다.

지금의 시대를 신新소작농시대라고 이야기 하고는 한다. 자영업자들이 사실 자영업자가 아닌 시대. 그들 위에 지주가 따로 있고, 겨우겨우 한 귀퉁이 얻어서 소작을 하는 소작농으로 전락이 된 시대라고 비꼬는 것이다. 맞다. 흉년인데도 풍년을 기준으로 책정된 소작료를 물고 있는 것이 지금의 시대다. 여기에 정부는 경제를 활성화 한다고 재정을 풀고, 상승된 최저임금의 부족분을 보조금으로 채워주는 일자리 안정자금 등의 정책을 내놓고 있다. 다 좋다. 하지만 자영업자들이 겪는 근본적인 문제는 최저임금 등의 인상 때문이 아니다. 경기가 살아나지 않는 것 때문이다. 다른 말로 시중에 흐르는 자금의 유동성이 완전히 막혀 있기 때문에 힘이 든 것이다. 시중의 흘러야 할 자금의 흐름을 막아 놓는 것은 흉년에 물길을 막아 놓는 것과 다를 바가 없다. 답은 유동성에 있다. 자영업자와 소상공인의 생명줄은 논에 물을 대기 위해서 물길을 여는, 시중에 흐르는 자금의 유동성에 달려있는 것이다. 재정을 푸는 게 아니라 시중에 자금이 흐르게 해야 한다. 하지만 나는 정부가 아니고, 정책을 결정하는 사람이 아니다. 나는 나대로 시장에 유동성을 공급하는 방법을 찾아야 했다.

'항산恒産'과 '항심恒心'이라는 이야기가 있다. 제齊나라 선왕宣王이 맹자를 만나 백성을 잘 다스릴 수 있는 비결을 물었다. 맹자가 대답하길 '인덕仁德을 베풀어 모든 사람들이 왕을 존경하여 왕의 나라로 모여드는 정치를 하라.'고 말했다. 선왕이 어떻게 하면 그렇게 할 수 있는지 가르쳐 달라고 하자, 맹자는 백성에게 중요한 것은 '항산恒産'과 '항심恒心'을 갖게 하는 것이라고 하면서 '항산이 없으면 항심도 없다.'고 대답했다. 국민이 자산을 가지고 지속적인 삶을 유지할 수 있게 해야 한다는 것이다. 지금처럼 대부분의 자산을 일부 극소수가 모두 가지고 있게 해서는 안 된다. 그러면 국민은 항심恒心이 없어지고 불안해지고 각박해진다. 소비는 줄고 시장은 바짝 마르게 된다. 사소한 일로 다투고 송사는 늘어나고, 서로에 대한 불신이 쌓여 오히려 질서를 유지하는 데에 비용이 초과 투입된다. 결국 삶은 더 피폐해지는 것이다. 놀랍게도 나는 2300년 전의 성현의 말에서 해법을 찾을 수 있었다.

삶은 간단한 숫자로 모두 다 표현이 될 수 없다. 삶을 숫자로 보는 순간 정치라는 것은 대를 위해 소는 희생을 해야 한다는 절대악絶對惡이 되어버린다. 하지만 국민이 자산을 갖도록 하는 것은 사회 안정에 항상 도움이 되어왔다. 가령, 1950년 봄에 있었던 토지개혁 이후에 신바람 난 자영농들의 엄청난 노동의 양과 뛰어난 창의성과 교육열이 이 나라의 성장에 밑받침이 된 것은 주지의 사실이다.

1998년에 골드뱅크라는 기업이 인터넷기업 최초로 자본조달에 성공을 했다. 1140여명이 몇 백만 원씩을 모아 당시로서는 아주 거액인 10억 원의 자금을 모았고, 당시 초기 자본 시장인 코스닥에 등록을 해 수십 배의 성장을 이루어냈었다. 당시 기업들은 시장에서 조달된 자금을 통해 죽음의 계곡이라는 시기를 넘어갈 수 있었고, 지금은 대기업이 된 네이버나 넥센이 그런 대표적인 사례였다. 창업 붐이 일어나고, 창업기업에 자금이 모이고, 인재가 모이면서 IMF라는 국가적인 위기를 성공적으로 벗어나기도 했다. 당시 정부는 신지식인 등의 다양한 캠페인을 만들어 청년들의 창업을 적극적으로 도왔다. 벤처기업에 대한 투자를 대통령이 적극 독려하고, 세제를 포함한 모든 면에서 전 방위적으로 지원을 했고, 지속적으로 벤처기업을 방문을 하면서 투자심리를 자극하고 독려를 했다. 쇼처럼 보이는 것 같지만 '경제는 심리다', 라는 말을 몸소 실천하는 시대였던 것이다. 답은 역시나 시장이고, 그 시장에 유동성, 흐름을 주는 것은 자산획득에 대한 가능성을 높여준다.

나는 평범한 국민이(나를 포함해서) 자산을 가질 수 있는 방법에 주목을 한다. 아트스탁이 유동성이 보장된 미술품 지분거래 플랫폼으로서의 가치관을 유지할 수 있도록 집중을 한다. 누구나 파인아트를 자산으로 가질 수 있는 상설플랫폼 말이다. 책의 도입부에서 이야기를 했었던, 흐름이 있는 곳에 자본이 흐르고, 자산이 형성이 되고, 그 자산이 평범한 국민에게, 우리의 후대들에게 흘러가길 고대하면서 말이다. 나는 지금도 아주 조금씩 이 물길을 넓히는 것에 집중을 하고 있다.

아트스탁 1기 상장작가

봄의 왈츠_기원 2021
박주경, acrylic on canvas, 91x116.8(cm)

행동원칙 8
댐을 치고 기다려라

댐은 가두기 위해서가 아니라 포용하기 위해 존재한다.

 겸손의 말이 아니라 나는 인격적으로 성숙하지 못하다. 그래서 실수도 많이 하고, 후회도 자주 한다. 그렇게 반복을 하다 보니 나라는 사람의 실수를 방지하기 위한, 정확하게 말해서는 실수를 최소화하기 위해 무언가 구조를 만드는 것이 습관이 되었다. 구조라는 것은 참 신기해서 만들기까지는 도통 쉽지 않고 힘이 들지만 한번만 제대로 만들어 놓으면 사전 방지와 사후 회복은 물론 이 구조를 통해 자연적으로 발생한 인프라로 인한 다양한 이익들까지 기대를 할 수 있는 살아있는 유기체가 된다. 이렇게 살아있는 구조를 제대로 만들어 놓는다는 것은 지속가능한 기업을 만들기 위해서는 필수적이라는 생각을 해왔다. 내가 실수하고 후회를 한 것만큼 이 고민을 해왔으니 꽤나 많이 했음은 분명하다.

　기업에서의 구조란 단순히 시스템만을 이야기하는 것이 아니다. 내부환경, 외부환경, 관련 인프라, 파생되는 요소, 미래를 담은 비전은 물론이고 다양한 리스크의 대응까지도 이 구조에 반영이 되어야 한다. 초기에 제대로 된 구조를 만들어 놓으면 그 후에는 꾸준한 개보수만 신경을 쓰면 된다. 하지만 초기에 구조적인 문제가 있으면 아무리 땜질을 해도 살아남지 못한다. 결국 무너지거나 무너뜨릴 수 밖에 없는 일이 발생을 한다.

　생각해보니 기업의 구조를 만드는 것은 댐을 치는 것, 댐을 만드는 것과 정말 유사하다. 댐을 친다는 것에 기본적으로 요구되는 것은 멀리 내다보는 눈과 정확한 위치 선정, 그리고 초인간적인 인내심이다. 그게 다가 아니다. 예측할 수 없는 다양한 위험과 예측이 가능해도 쉽게 해결할 수 있는 위협에 익숙해지고 대응할 수 있는 순발력 역시 필수다. 이건 기업 세팅의 기본적인 요소이지만 우리의 삶에도 동일하게 적용이 되는 것 같다. 이 댐을 치는 것이 제대로 완성이 되고, 댐이 실제적으로 운용이 되어 돌아가기

미국 후버댐 전경

시작을 하면 예상치 못한 다양하고 재미있는 결과들을 불러일으키기도 하는데, 실제로 미국의 대표적인 댐인 후버댐을 분석해 보면 의미 있는 결과들을 확인할 수 있다.

영화 트랜스포머나 엑스맨 등을 통해 많이 접해 본 미국에서 가장 거대한 댐인 후버댐Hoover dam은 높이 221m, 길이 411m, 저수량 320억㎥에 연간 전력생산량이 40억kwh에 달한다. 건설을 위해 사용된 콘크리트만 총 6600만t에 이르는 미국 현대 건축 기술의 대표적인 건축물로 수원水原인 콜로라도 강의 홍수와 가뭄의 반복을 타개하기 위해 지어졌다고 알려져 있다. 하지만 후버댐 건설은, 1930년대에 정점에 달했던 미국 경제대공황을 극복하기 위해 시작된 루스벨트 대통령의 뉴딜정책 중 가장 큰 프로젝트였다. 1931년부터 5년 간 진행된 후버댐 건설을 통해 미국은 경제대공황은 물론 경제 부흥의 단초를 마련했다.

실제로 후버댐은 세계 최대 규모의 콘크리트 건축물이며, 블록 모양의 분할 시공이라는 획기적인 건설 기술을 선보였고, 5년 동안의 공사기간 동안 2만 1000명의 공사인력이 동원되었던 인류 역사상 최대 규모의 토목공사 중 하나로 손꼽힌다. 건설이 된지 80년이 지났지만 지금도 미국 캘리포니아의 농업은 대부분 이 후버댐의 용수用水에 의존하고 있을 정도로 너무나 중요한 역할을 하고 있다.

후버댐 건설이 선포되고 나서 일자리가 필요한 노동자 2만여 명이 척박하고 건조한 애리조나와 네바다의 경계로 모여들었다. 그리고 이들의 손에 의해 인류 역사에 길이 남을 건축물이 만들어졌다. 물론 그 과정 중에 무려 112명의 노동자가 목숨을 잃기도 했다.

하지만 이 거대한 후버댐 공사는 상상하지 못했던 수많은 부가적인 이익과 발전들을 가져왔다. 먼저 댐 공사를 위해 전 세계에서 모여든 2만여 명의 건설노동자들의 주거지로 조성이 되었던 작은 숙소타운은 1960년 이후에 볼더시티Boulder City라는 도시가 되었다. 볼더시티는 콜로라도 대학을 비롯해 네바다 주의 대표적인 학술, 연구 도시로 최근에는 항공, 우주산업의 중심지 역할을 하고 있다.

무엇보다 미국 서부 최고의 유흥 도시 라스베이거스는 후버댐으로 인해 본격적으로 발전을 했다. 댐 건설 노동자들이 여가를 즐기기 위해 라스베이거스를 자주 찾았고 이로 인해 지금의 라스베이거스가 만들어지게 되었다. 후버댐이 없었다면 라스베이거스의 화려한 야경과 벨라지오 분수쇼를 볼 수 없었을 것이다. 또한 댐이 완공되면서 미국에서 가장 큰 인공호수인 레이크 미드Lake Meed가 만들어졌고, 레이크 미드는 미국 레저스포츠의 중심이 되었다. 또한 후버댐이 영화 트랜스포머, 엑스맨 등의 촬영지로 유명세를 타면서 연간 수백 명이 넘는 관광객들이 다녀갈 정도의 관광명소가 되었다. 이 관광객으로 인해 인근의 숙박 및 음식점들은 날마다 호황이다. 제대로 된 구조물 하나가 파생시키는 예기치 못한 재창조는 이렇게 사람의 기대를 완전히 뛰어넘는다.

　나는 지금도 항상 댐을 치라는 이야기를 버릇처럼 말한다. 가치를 모으는 것이 댐을 만드는 것이다. 선점을 하고, 흐름도 보고, 지형도 보고, 재료도 모을 수 있는 눈을 가지라고 강조하고 또 강조를 한다. 어쩌면 아트스탁의 동료들은 분명 내가 전직 수자원공사 직원이라고 생각할 것이다.

　이제는 이런 대규모의 토목사업을 쉽사리 할 수 없는 시대가 되었다. 이제 댐을 만든다는 것은 토목공사를 하는 것이 아니라 데이터를 모을 수 있는 구조를 만들고, 데이터를 담는 것을 의미한다. 이 데이터의 댐에 공공과 민간의 네트워크를 통해서 발생하는 데이터들이 모이고, 그것들이 서로 결합하고 가공되어서 새로운 가치로 재창조된다. 이 가치가 많이 활용 될수록 더더욱 유의미한 가치가 되고, 이를 통해 형성된 네트워킹을 기반으로 혁신산업들이 만들어지고, 혁신적 서비스들이 생겨나고, 포스트 코로나 시대를 선도할 수 있는 경제의 기반이 될 수 있게 되는 것이다. 당연히 관계된 가치와 지식을 가진 사람들이 필요하게 되기 때문에 더 많은 일자리가 생겨날 수 있다. 21세기형 디지털 후버댐은 이렇게 건설하면 된다.

　이렇게 되려면 우리 사회가 몇 가지 포인트들을 반드시 공유해야 한다. 공유되지 않는 댐은 유동성이 사라진 생명력 없는 죽은 댐이기 때문이다.

먼저 댐으로 수많은 정보와 데이터들이 유입이 될 수 있도록 과감하게 먼저 개방을 해야 한다. 흔들어 대야 유동성이 생기기 때문이다. 그리고 기존의 가치들과 새롭게 유입되는 가치들을 공존하게 하는 것도 필요하고, 포용력과 통찰력을 가진 리더십들도 만들어져야 한다. 정리하면 '댐에 쉽게 접근할 수 있는 사람과 그렇지 못한 사람들의 격차를 줄여서 포용적인 댐을 만들어야 한다'는 것이다. 이것이 내가 항상 입버릇처럼 말하는 '댐을 치고 기다리라'는 것의 진짜 목표다. 아트스탁은 이런 댐을 목표로 한다. 후버댐보다 커다란지, 아니면 형편없이 작을지 누구도 알 수 없다. 하지만 확실히 이야기 할 수 있는 것은 누구나 자산을 가질 수 있는 열린 댐이라는 사실이다. 가두리 양식장을 만들자고 이 고생을 하고 있는 건 아니니까.

아트스탁 1기 상장작가

숲속초대 2020
박인우, acrylic on canvas, 65.1x90.9(cm)

행동원칙 9
한 발만 전진해도 충분히 돈은 번다

슬로건을 믿지 말고 나의 묵직한 한걸음을 믿어라

세상에서 가장 무거운 것이 졸음 앞의 눈꺼풀이듯이, 한 발이라고 표현을 했지만 사실 이 한 발을 앞으로 옮기는 것은 세상에서 가장 어려운 것일 수 있다. 절벽 앞, 벼랑 끝의 한 발은 불가능에 가깝고, 나에게 손해가 될 것 같은 방향으로의 한 발은 천근보다 무거우며, 나에게 득이 된다고 해도 확실한 신뢰가 생기지 않으면 발걸음보다 두려움이 앞서 나간다. 그 이유는 자명하다. 우리는 멀리 보는 것보다 바로 눈앞만을 보는 것에 익숙해져 있기 때문이다. 직립보행을 하는 인간의 특성상 멀리 내다보는 것이 자연스러움에도 불구하고 우리는 눈앞만을 바라본다. 하지만 이건 내 의지와 상관없이 주위에서 쏟아져 들어오는 것들에 의해 학습이 된 경우가 더 많다.

　얼마 전 일본과의 관계가 급격하게 냉각되었을 때 일본자동차나 유니클로 등을 대상으로 한 청년들의 불매운동을 보면서 드는 생각이 있었다. 왜 우리는 지금 일본 자동차와 유니클로라는 기업에 우리의 감정을 모두 다 쏟아 붓고 있을까? 일제(帝)라는 이름으로 한국을 수탈하고 착취한 일본이라는 나라를 싫어하는 마음을 뛰어넘으라고 이야기하는 것이 아니다. 나도 동일한 마음을 가지고 있으니까 말이다. 하지만 내가 하고 싶은 말은 바로 앞의 것을 보는 시선이 아니라 그 시야를 세계적으로, 범지구적으로 넓히자는 것이다. 기성세대는 학습된 각인, 뿌리, 체질로 인해 마음과 시선의 넓히기가 좀처럼 되지 않는다. 하지만 우리의 미래 세대들이 이 한계에 묶여 있는 것은 도무지 참을 수가 없다. 그건 기성세대가 만들어 놓은 편협이라는 틀에 갇혀 버리는 것이다. 편협이라는 것은 시야가 좁아지는 것이고, 시야가 좁아진 존재는 다루기 쉬운 존재로 전락을 한다. 그런 존재들의 합집합이 바로 대중, 군중이고, 이 흐름에 갇혀 버리면 결코... 부자는 될 수 없다. 내가 알고 있는 모든 부자들은 언제나 사고가 유려했다. 열린 사고를 가지고 있었다.

불평등을 해소하고 싶다는 목표를 가지고 작은 실천을 하면서 달려왔다. 하지만 이 불평등이 사라질 것이라고는 생각하지 않는다. 하지만 우리가 만들어 내는 새로운 자산이 분명히 활성화가 될 것이고, 불평등 해소를 향한 소량의 마중물 역할을 할 것이라는 확신은 있다. 왜냐하면 이 꼴을 더 이상 보고 싶지 않은 건 나만이 아니기 때문이다. 20대의 능력 있고 건실한 청년이 200대 1의 경쟁률을 뚫고 9급 공무원이 되려고 목숨을 거는 사회는 문제가 있는 것이다. 개인적으로는 능력의 낭비이고, 사회적으로는 아주 단순한 9급 영역의 일을 어렵게 만들어 버리는 안 좋은 결과를 초래한다. 이런 문제는 개인의 문제가 아니라 사회의 문제다. 공동체의 문제다. 그러니 사회적으로 대응을 하고 공동체적으로 대응을 해야 한다. 아트스탁은 바로 이 철학들이 모여서 만들어진 일종의 결정체다. 일단 부딪히기 위한 결정체다.

프리미어 리거Premier Leaguer 손흥민 선수는 2021년 겨울 현재, 리그 득점 순위가 4위이다. 그런데도 손흥민 선수는 지금도 날마다 1천 번의 슈팅 연습을 한다. 그럼에도 불구하고 3경기에 1번 정도로 골을 넣는다. 그렇게 연습을 하고도 매 경기마다 골을 넣을 수 없는 것이다. 아니 매번 골을 넣을 수 없는 것이 당연하다. 이 당연한 것을 가지고 스트레스를 받으면 안 된다. 그것보다 일단 경기에 출전하는 것이 중요하다. 100% 안전하면 하겠다는 것은 사실 하지 않겠다는 것과 마찬가지다. 우리가 잘 알고 있는 맛집이 누구에 의해서 발견이 되었는지 생각해 보면 알 수 있다. 일단 가서 먹어보는 사람이 발견하는 것이다. 하지만 무조건 도전해라! 일단 부딪혀보라고 등을 떠미는 건 너무나 무책임하다. 지금의 기성세대가 윗세대에게 배운 대로 그대로 미래세대에게 하고 있다.

그래서 나는 지금도 객관화를 연습한다. 아트스탁의 사명을 선언하고 행동의 원칙을 만든 이유는 객관화 때문이었다. 많은 사람들이 자신감을 가지라고 하고, 자신을 믿으라고 한다. 하지만 나는 나도, 자신감도 믿지 않는다. 나는 타인에 대해서는 신뢰감을 갖고 대하지만 나 자신은 믿지 않는다. 그래서 더욱 객관화를 연습한다. 나와 또 나와 함께 미래를 만들어가는 동료들이 '자신감을 가져라!', '나를 믿어라!' 같은 슬로건에 속지 않았으면 한다. 그래서 객관화의 기준을 만들고 다듬었다. 이 기준이 일과 삶에 안착되면, 또 다시 한 번 더 나를 객관화시킨다. 행동원칙, 구조화, 유동성, 욕망, 참아내는 것, 열린 사고라는 필터를 더해 나와 회사와 사회가 가진 모순을 걷어낸 후 남은 것을 선택하려고 한다. 아마도 남는 것은 일관성일 것이다. 수많은 필터를 통해 당연한 것, 필연적인 것, 절대적인 것이 발견이 되었으니 일관성을 유지할 수 있는 것이다. 그 일관성으로 아트스탁을, 아트테크를, 파인아트를, 새로운 자산을 우리의 삶과 사회와 후대들의 미래에 안착시키기 위해 한 발짝 전진을 하는 용기를 낸다.

아트스탁 1기 상장작가

A Story of Home Town 2015
정영모, 장지혼합채색, 80.3×130.8(cm)

아트스탁 1기 상장작가

겹 2016
김연옥, acrylic on canvas, 130.3×130.3(cm)

ARTSTOCK

Chapter 4

미술품을
주식처럼

아트스탁 이야기

세계 최초 미술품 지분거래 플랫폼, 아트스탁 출범 배경

국내외 미술 시장의 특징

미술시장이란 회화 등의 미술품이 갤러리 또는 경매, 아트페어 Art Fair 등의 유통시장을 통해 소비자에게 거래가 되는 시장을 말한다. 무엇보다 일정 수준 이상의 경제력과 문화예술 역량을 기반으로 하는 고부가가치를 가진 선진국형 산업이라고 할 수 있다.

산업으로의 미술시장은 음반시장이나 차량용 반도체보다도 훨씬 큰 거대 시장으로 형성되어 있다. 또한 금융투자자산과 지난 25년간의 수익률을 비교해 봤을 때 장기적 수익률이 월등하게 우수해 미술작품에 투자를 하는 아트테크가 전 세계적으로 각광을 받고 있다. 세계는 지금 미술시장의 산업적 가치와 경제적 가치에 주목을 하고 있는 중이다.

또한 미술산업은 특히 연관 산업 간의 시너지가 큰 소프트파워 산업이기에 단순 제조업과는 비교할 수 없는 경제적인 효과의 사례를 가지고 있다.

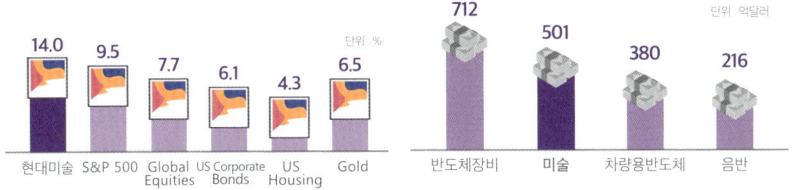

현대미술과 금융투자자산 25년 수익률 비교   글로벌 미술시장 및 주요 산업 규모('20)

한국 VS 글로벌 미술시장 규모 비교[거래액 기준]   2019 세계 순수미술 경매시장 규모

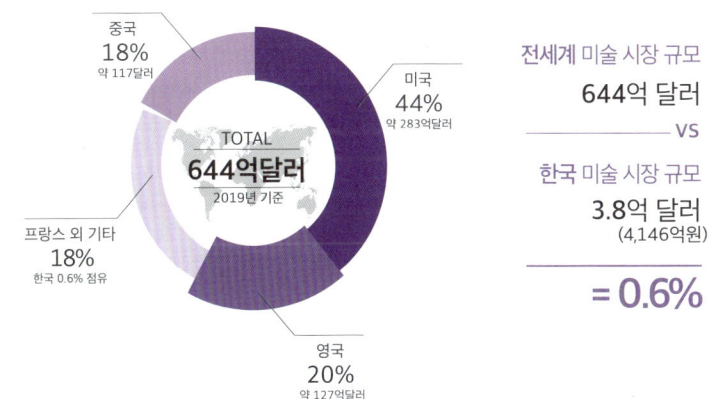

국내외 미술 시장의 규모

2019년 기준 전 세계 미술시장의 규모는 총 644억 달러, 우리 돈 77조7천9백억 원에 달하는데 전체 시장 중 미국이 44%, 영국이 20%, 중국이 18% 등을 차지하지만 한국은 아직 3.8억 달러로 0.6% 정도에 그치고 있는 상태이다.

세계 미술시장 점유율 0.6%, 국내 GDP의 0.02% 규모
국내미술 투자 시장은 크게 저평가된 **기회의 시장**

2019년 세계 미술 시장 점유율-국가별

골동품이나 장식미술 등을 제외한 세계 순수미술 경매시장의 규모를 비교해보면 1위인 미국은 46억 달러로 약 5조5천억 원에 이르지만 한국은 650억 정도로 15위에 그치고 있다. 한류가 전 세계를 강타하고 있고, GDP 세계 9위라는 위상과 비교해 보면 아주 초라한 성적표라고 할 수 있다.

대한민국과 글로벌 미술시장의 거래액 기준의 규모를 비교를 해보면 이는 더 적나라하게 드러난다. 지난 10년간의 미술시장 성장 추이를 보면 우리나라는 4,083억 원에서 4,146억 원으

로 1.6% 정도의 증가에 그쳤지만 글로벌 미술시장의 성장추이는 395억 달러에서 644억 달러로 무려 63%나 증가를 했다.

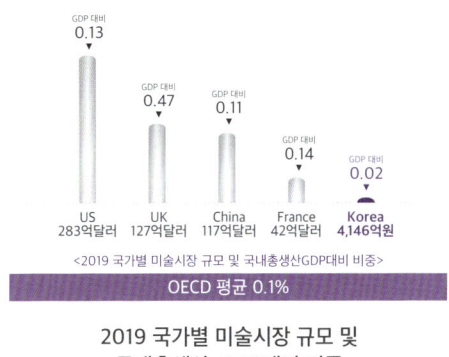

2019 국가별 미술시장 규모 및
국내총생산 GDP대비 비중

골동품이나 장식미술 등을 제외한 순수미술 경매의 규모에서도 우리나라와 글로벌 시장의 차이는 아주 크다. 1위 규모를 가진 미국이 46억1천4백만 달러, 2위인 중국이 41억 달러 규모이지만 한국은 15위로 5천5백만 달러, 우리 돈으로 653억 원 정도에 불과하다.

코로나 팬데믹으로 인한 국내외 미술시장 현황

2020년 코로나의 본격적인 발발로 인해 국내외 미술시장은 완전히 위축되었고 거래규모도 현격하게 축소가 되었다. 하지만 온택트On-tact 기술의 급속한 발전으로 온라인 미술시장이 급격하게 확장이 되면서 2022년은 본격적인 회복의 원년이 될 것으로 예상이 되고 있다.

하지만 여전히 국내 미술시장은 4,146억 원 규모로 매우 작은 편이다. 무엇보다 세계적 수준의 미술관이나 갤러리 등의 인프라가 취약하고, 기본적으로 국내 미술 산업 자체의 해외 인지도 및 브랜드파워가 현저히 낮은 상태이다. 하지만 홍콩이나 일본 등을 넘어선 새로운 아시아 거점의 모색이 대두되면서 대한민국이 그 대안으로 급격하게 떠오르고 있다. 특히 한류로 인해 상승된 한국의 문화파워가 그 배경이 되고 있다. 세계 3대 글로벌 아트페어 중 2개가 한국에서의 개최를 결정하거나 고려중이며, 세계 현대미술계 최고의 명문 아트페어로 불리는 영국의 프리즈 아트페어Frieze Art Fair가 2022년부터 한국에서 아시아권 최초로, 그것도 매년 개최하기로 결정이 되었다. 전체 거래규모가 세계시장의 1%도 안 되는 국내 미술 시장에 지각변동이 일 것으로 보인다.

또한 정부의 예술계 지원도 지속적으로 증대되고 있는 것 역시 환영할만한 점이다. 대한민국 정부는 세계 최고 수준의 미술시장 성장 지원정책을 펼치고 있다. 문화예술산업의 지원을 위해 전년2020년 대비 약 10%의 예산을

[2020년문체부예산]

늘렸으며, 전체 예산 중 32.7%를 문화격차완화, 예술인창작준비금, 국내 미술 글로벌화사업에 지원을 하고 있다.

예술시장의 활성화를 위한 다양한 세제혜택 역시 아트테크의 활성화에 한몫을 차지하고 있다. 아트테크의 적용범위가 각기 다른 고객들에게 적합한 세금 솔루션들이 제공이 되고 있기 때문이다. 또한 현존 작가 작품에 대한 비과세 혜택과 6천만 원 이하의 유고 작가 작품에 대한 비과세 혜택 등의 세제혜택을 제공하고 있다. 기업에게는 법인세, 부가세면제 등의 비과세 혜택과 기업 내 전시를 목적으로 1천만 원 이하의 작품을 구입할 때는 비용으로 인정을 해주며, 100만 원 이하의 미술품 구입비용과 전시 관람 입장료 등은 문화접대비로 인정을 받을 수 있다. 또한 미술품 Re-Sale시 발생수익의 최대 90%는 필요경비로 인정을 해준다.

무엇보다 앞의 섹션에서 기술한 것처럼 MZ세대의 대체 투자 관련한 관심의 폭발적인 증가는 정말 고무적인 현상이다. 소액투자, 안정적인 수익성, 가상화폐의 불안전성을 해결할 대체투자처로 부상이 되면서 2021년 한국국제아트페어KIAF, Korea International Art Fair는 역대 최고인 650억 원의 판매고와 방문객 8만8천명의 기록을 세우기도 했다.

전문가들은 MZ세대의 일시적인 관심증가로 인한 순간적인 양적확대로 보고 있지 않다. 미술품이 기존의 감상재에서 소유재로, 소유재에서 투자재로 변하고 있는 것은 전 세계적인 흐름이기 때문이다.

재테크 수단으로서의 미술품의 가치는 계속해서 상승중이다. 블루칩 작품 가격을 지수화해서 미국 증권가의 S&P500지수와 비교한 Artprice100지수는 지난 2000년부터 가파르게 상승중이며 이미 월등한 차이를 보이고 있는 중이다.

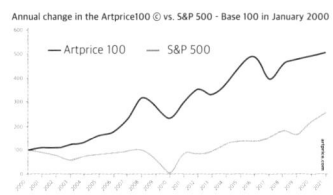

또한 가장 널리 알려진 소더비 Sotheby's의 '메이 모제스 미술지수 Mei&Moses Art Index'와 미국연준의 '기준금리지수'를 비교해보면 아트테크의 안정성이 돋보인다. 특히 저금리 시대에 있어서 인플레이션 헷지 Hedge의 수단으로 아트테크가

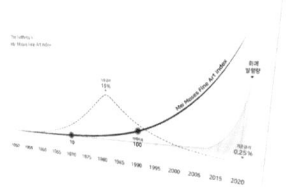

소더비 '메이 모제스 미술지수'와 미국연준 '기준금리지수'와의 관계성

안정적인 자산 투자 방안임이 여실히 드러나고 있다. 특히 인플레이션에 강한 특징은 모든 경제주기에 걸쳐 가장 훌륭한 부의 저장소라고 할 수 있다. 예술 자산은 1985년 이후에 등장한 투자상품이나 미

국 국채 수익률에 버금갈 정도로 수익률이 뛰어나지만 기존 금융자산에 비해 안전한 대표적인 안전자산으로 자리매김을 하고 있는 중이다.

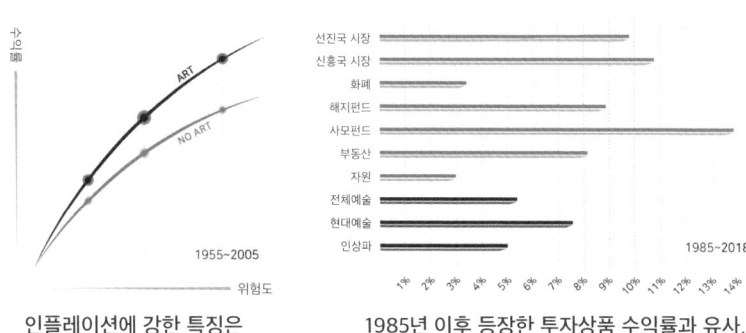

인플레이션에 강한 특징은
모든 경제주기에 걸쳐 훌륭한 부의 저장소

1985년 이후 등장한 투자상품 수익률과 유사,
美국채 수익률에 버금가는 미술품 투자 시장

세계 최초 미술품 지분 거래 플랫폼
- 아트스탁, 미술시장이라는 바다에 돛을 띄우다

세계최초로 미술품의 지분을 상설로 거래하는 플랫폼인 아트스탁은 유명하고 미술사적 가치가 높은 아티스트들 가운데 투자가치가 있는 아티스트의 작품을 선정해, 공모Publishing와 상장Listing을 통해 작품의 지분을 거래하는 플랫폼이다. 미술로 세상을 더 낫게 한다는 사명을 가지고 첫 항해를 시작한 아트스탁은 미술품 유동화를 통해 가치 있는 작가와 작품이 미술시장에서 공정하고 올바르게 평가를 받게 하고, 더 많은 대중들이 예술작품을 직접 소유해 그 가치를 더 즐길 수 있게 하는 것에 목적을 두고 있다. 특히, 국내 현존작가의 작품 상장을 통해, 작가의 창작활동에 조금이나마 도움이 되고, 궁극적으로는 국내 미술시장이 활성화될 수 있는 환경을 조성하는 것을 목표로 한다.

앞에서 기술한 것처럼 국내 온라인 미술품의 거래는 활발하게 운영이 되고 있으며 판매금액 역시 가파르게 증가를 하고 있다. 경매에서는 3천만 원 미만의 중저가 작품들을 중심으로 온라인 거래가 활발하며, 2020년 기준 총 1만 6369점이 온라인 경매로 판매가 되었다. 하지만 아트시장에 관심이 많아도 작품을 구매해 보관·관리가 어려운 소규모 투자자들이나 작품 자체의 높은 가격으로 인해 관심이 있어도 쉽게 진입하지 못하고 있는 투자자들을 위해 소유권을 1SQ(Square, 거래최소단위로 1sq는 1cm²에 해당된다) 단위로 조각을 내서 투자를 할 수 있게 하고 있다. 예를 들어 5천만 원이라는 가격을 가진 100호 작품의 경우, 전체 20,800SQ로 조각이 나눠지고 1SQ당 약 2,400원이 되는 구조다. 50호 사이즈이고, 5천만 원이라는 가격을 가진 작품을 기준으로 보면 10,647SQ로 나눠지고 1SQ당 4,700원이다. 자신의 투자형편에 맞게 원하는 양의 SQ를 구매해 거래할 수 있다는 것이 큰 메리트이다.

아트스탁 운영 프로세스

아트스탁은 주식거래 방식으로 운영이 된다. 공모Public Offering, 상장Listing, 거래Trading이라는 주요 3요소로 구성이 되어있다. 이는 기존 주식거래에 익숙한 투자자라면 쉽게 이해하고 참여할 수 있는 구조이다.

아트스탁 시스템 구성

아트스탁 플랫폼은 발행된 미술품 분할 소유권들이 자유롭게 거래가 될 수 있는 지분 거래 플랫폼이다. 아트스탁의 시스템은 크게 3단계로 구성이 되어있다.

01 분할 소유권 발행

소유권 발행은 미술품에 대한 첫 공모 단계로 마치 기업의 IPO와 같은 단계 입니다.
한정된 기간(대략 3주)동안 공모 사이트에 미술품의 소유권이 분할되어 판매가 이루어 집니다.
기본적으로 분할 소유권에 대한 최소 구매 단위는 1SQ이며,
이를 통해 SQ단위별 투자 금액을 설정할 수 있습니다.

02 낮은 유동성을 극복

이후는 미술품에 대한 개인간 소유권 거래가 가능한 상장 단계입니다.
공모단계인 Pre-Sale이 종료되면 해당 미술품이 지분거래 플랫폼에서
상장되는 개념으로 플랫폼에서 SQ단위로 거래가 됩니다.
플랫폼 내에서는 미술품이라는 자산 자체가 주는 낯설음을 보완하기 위해 투자에 요긴한 다양한 정보를 제공합니다.

03 빠르고 쉬운 입출금

아트스탁을 통해 나의 투자내역과 입출금 현황을 바로 확인할 수 있습니다.
투자한 작품에 대한 소유권 확인과 투자 거래 내역 및 현재 보유 금액 현황 등의 상태를 확인합니다.
기본적으로 SQ단위로 매수/매도 거래가 이루어 집니다.

1. 공모 - 소유권 발행 단계

소유권 발행은 미술품에 대한 첫 공모의 단계로 마치 기업이 IPO(Initial Public Offering)를 하는 것과 동일한 단계이다. 보통 3주 정도의 한정된 기간 동안 공모를 통해 미술품의 소유권이 분할되어 판매가 이루어진다. 기본적으로 분할 소유권에 대한 최소 구매 단위는 1SQ이며, 이를 통해 SQ단위별 투자 금액을 설정할 수 있다.

2. 상장 단계

다음 단계는 미술품에 대한 개인 간 소유권의 거래가 가능한 상장의 단계이다. 공모 단계인 Pre-sale이 종료가 되면 해당 미술품이 지분거래 플랫폼에 상장이 되는 개념으로 이때부터 SQ 단위로 거래가 이루어지게 된다. 플랫폼 내에서 미술품이라는 어쩌면 아직은 낯설 수 있는 자산이 주는 낯섦을 보완하기 위해 투자에 활용할 수 있는 다양한 정보들을 제공한다.

3. 입출금 단계

아트스탁을 통해 나의 투자내역과 입출금 현황을 실시간으로 파악을 할 수 있다. 투자한 작품에 대한 소유권 확인과 투자 거래 내역 및 현재 보유 금액 현황까지 모든 상태를 확인할 수 있다. 매수·매도는 기본적으로 SQ단위로 이루어진다.

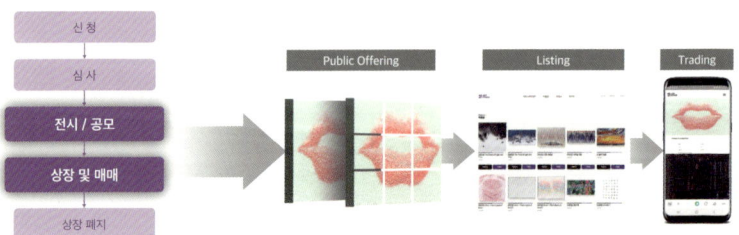

아트스탁의 투명성
- 책임심사위원회와 체계적인 감정 평가 시스템 도입

  아트스탁은 미술품 선정의 객관성을 유지하기 위해 전국에서 권위 있는 전문 책임 심사위원을 선정해 책임심사위원회를 운영한다. 책임 심사위원에 대한 선정과 공모 작품의 선정 등 위원회의 모든 활동은 위원회 독자적으로 운영이 되어 작품선정에 대한 독립성을 최대한 보장한다.

  또한 신뢰성과 공신력의 확보를 위한 체계적인 감정평가시스템을 선도적으로 적용해, 국내 유일 미술품 전문 감정평가사이자 대법원 감정인인 김지효 감정평가사가 이끌고 있는 통일감정평가법인과 업무 협약을 체결했다. 감정평가가 주관적이며 거래기록도 없어 '깜깜이 감정'이라는 지적이 나오고 있어 ㄱ 진위나 평가액 등에 대한 공신력이 부족하다는 지적을 받아온 국내 미술품 감정을 체계적이고 객관화 시키는데 집중하고 있다. 아트스탁 역시 이를 통해 자산 가치의 투명화 및 전문성을 갖추게 되었다.

2021.11.16 10:00

아트스탁, 통일감정평가법인과 업무 협약 체결

한국 미술품 지분거래소 '아트스탁'은 국내 미술품 전문 대법원 특수감정인인 김지효 감정사에 상장작품에 대한 감정을 의뢰하는 한편 통일감정평가법인과 시가 감정 의뢰 업무 협약을 체결했다고 16일 밝혔다.

김지효 감정사 / 통일감정평가법인 제공

김지효 감정사는 국내 미술품 전문 대법원 특수감정인인 김지효 감정사에 상장작품에 대한 감정을 의뢰하는 한편 통일감정평가법인과 시가 감정 의뢰 업무 협약을 체결했다고 16일 밝혔다.

김지효 감정사는 그동안 미술품의 시가 감정 불모지로 평가받는 국내 미술품 감정평가 시장을 개척한 인물로 이화여대 회화판화과를 졸업하고, 미국 AAA(Appraiser Association of America) 준회원이다.

이어 미국통일감정평가기준(USPAP)에 합격했으며, 소더비 인스티튜트 (Sotheby's Institute) 미술시가감정 프로그램을 이수한 후 현재 통일감정평가법인 본부장을 맡고 있다.

아트스탁은 이번 시가 감정 의뢰 계약을 통해 상장 작품에 대한 객관성과 공신력을 확보, 자산 가치의 투명성 및 전문성을 갖추게 됐다고 밝혔다.

한편, 아트스탁은 실제 주식 거래를 하는 방식으로 미술품의 공모와 상장, 거래를 주관하고 있으며 현재 베타 버전 테스트 후 12월 초에 정식으로 사이트를 오픈할 예정이다.

2020-10-24 08:10:11

국내 유일 미술품 전문 감평사 김지효
"미술품 특화 분야 개척 '매력'"

▲ 미술품 특화 분야 감정평가사 사진제공-김지효 감평사

"미술품 감정은 미술에 대한 지식과 정보가 없으면 제대로 된 감정이 어렵습니다. 그래서 미국에서 미술품 감정 공부를 했습니다. 미술품 감정을 제대로 해보자는 목표였죠."

김 감평사는 "감정평가사 자격을 취득했다고 해서 미술품 감정을 할 수 있는 것은 아니다. 미술사를 공부하고 미술시장에서 실무 경험을 하면서 미술 시장에 대한 이해도를 쌓아야 제대로 된 감정이 이뤄질 수 있다"고 말했다.

국내 미술품 감정은 진위나 평가액 등에 대한 공신력이 부족하다는 지적이 나온다. 게다가 감정평가가 주관적이고 거래기록도 없이 '깜깜이' 감정이라는 지적이 나오고 있다. 그래서 흔히 미술품 가격은 며느리도 모른다는 말이 나오기까지 한다.

김 감평사는 "소비자들이 보증서가 있어도 믿지 못하고 불신만 쌓여가고 있고 이는 곧 미술품 시장 위축으로 이어질 수 있다"고 우려했다. 특히 법원에 제출되는 감정서나 의견서가 제대로 된 감정을 거치지 않은 채 제출되는 사례가 많다고 그는 지적했다.

김지효 감정평가사

아트스탁의 신뢰 정책 - 아트스탁 예술품 전문 수장고

아트스탁 지분거래 플랫폼을 통해 거래가 되는 모든 미술품은 안전성은 물론 미술품의 최적의 컨디션을 유지할 수 있는 특수 수장고에 보관이 된다. 유네스코의 예술품 보관 기준에 맞게 항온/항습 컨디션이 유지되며 국공립 미술관과 동등한 환경으로 24시간 관리가 된다. 또한 국내 최고의 보안경비업체를 통해 CCTV, 24시간 경비 등 엄격한 출입통제시스템으로 관리가 된다. 또한 화재에 취약할 수 있는 미술품 보호를 위해 불연성 소재를 이용한 내·외부 인테리어, 중앙방재시스템, 상시 소방안전점검 등 철두철미한 화재예방 체계를 구축하고 있다.

아트스탁 1기 상장작가

에너지 순환 1 2017
정충일, mixed media, 65x91(cm)

아트스탁의 미래

아트스탁의 사업영역 예술과 자산을 잇다

우리는 앞에서 파인아트가 가진 대표적인 속성 중 하나가 '구원에 대한 열망의 충족'이라는 것을 확인했다. 아트스탁을 준비하고 또 운영을 하면서 알게 된 파인아트의 또 다른 속성은 다른 산업이나 분야와 연결이 되면 그 산업에 특별한 가치를 부여한다는 것이다. 특히 자산이라는 영역이 파인아트라는 영역과 만나게 되면 단순 자산에서 사회적 기능을 가진 자산으로 스펙트럼이 넓어진다. 현재 아트스탁을 구성하는 핵심 비즈니스 모델은 미술품 분할 소유권 상설거래 서비스이다. 하지만 상설거래가 제대로 된 기능을 하기 위해서는 눈에 보이지 않는 사업영역들과의 협업이 아주 중요하다. 그 영역들은 상설거래 플랫폼이 질적·양적 성장을 할 수 있게 돕는 자양분이 되기도 하지만 때로는 독립된 사업으로 확장되어 아트스탁이라는 플랫폼이 파인아트의 특별한 가치를 유지할 수 있는 강력한 인프라가 되기도 한다. 파인아트와 자산의 콜라보를 통해 창출하는 가치의 퀄리티를 믿기에 우리는 지금도 사업영역을 확장하고 있다.

ART Stock

앞에서 기술한 것처럼 아트스탁 비즈니스 전반의 근간이 되는 사업으로 미술품 분할 소유권 상설거래 플랫폼이다. 작가를 선정하고, 작품을 공모하고, 상장과정을 통해 분할 소유권 거래를 할 수 있는 서비스 모델이다. 플랫폼이라는 특성상 수많은 아트테크 사업들과 연동이 가능하며, 파생사업들 역시 다양하다.

MEDICI Collective

투자자들의 정보공유와 작가, 팬, 후원자들의 소통을 위한 커뮤니티이다. 하지만 아트스탁이 플랫폼으로서 본래 기능을 하기 위한 윤활유와 같은 영역이다. 예술가는 자연스럽게 팬덤을 형성한다. 팬덤은 그 자체로도 예술가에게 작품 활동을 유지하는데 큰 역할을 하지만 그 자체로 하나의 비즈니스 영역이 되기도 한다.

ART Exhibition

작품 공모기간 중 오프라인 전시를 통해 고객이 소유한 작품가치의 상승을 돕고, 이를 기반으로 한 작가의 활동을 지원하고, 사전거래를 위한 발판이 되기도 하는 사업영역이다. 홍콩 및 도쿄 등의 잠재적 가치의 하락으로 인해 동아시아 문화예술의 허브로 대한민국 서울이 급부상하고 있고, 신남방정책과 맞물려 블루오션으로 떠오르는 동남아시아 시장은 이미 한류로 인해 한국문화예술에 대해 마음이 열려있는 상태이다.

오프라인 전시공간의 구축 이외에도 메타버스를 활용한 가상전시공간으로 확대할 예정이며, 이 공간에서 축적된 데이터를 기반으로 NFT 자산을 창출할 수 있는 설계가 진행 중이다.

CO-WORK Business

미술품은 실로 다양한 산업들과 콜라보레이션이 가능하다. 본 사업영역은 아트테크의 영역에 있는 산업 뿐 아니라 파생산업들과의 협업을 상시적으로 운영하는 영역으로, 거래되고 있는 미술품의 렌탈을 통한 부가가치창출사업, 창출된 데이터를 활용한 블록체인 연계사업, 버추얼 도록圖錄사업, 핀테크를 활용한 디지털경매, 숏폼플랫폼을 활용한 커스터마이징 및 확산사업 등이 진행 중이다.

ARTIST Care

향후 중견 작가들의 작품 활동을 위한 매니지먼트, 신인작가 발굴을 위한 인프라 확장 및 아카데미의 역할로 확장·운영될 예정이다. 또한 예술품 가치 분석을 위한 전문가 양성사업도 진행이 되며 특히 시장과 이해 충돌이 없고, 장기적인 안목으로 커리큘럼을 개발할 수 있는 교육 전문 기관으로 발전을 시킬 예정이다.

Interview

직톡 ZIKTALK
심범석 대표이사

　아트스탁의 사업은 단순한 확장이 목표가 되면 안 된다. 아트스탁의 메인 비즈니스인 거래 플랫폼에 유동성을 부여할 수 있는 사업이어야 하는 동시에 우수한 독립적인 기능을 가지고 있어야 한다. 이 고민 중에 글로벌 숏폼플랫폼인 '직톡ZIKTALK'을 운영하고 있는 심범석 CEO를 만났다. 업계에서 블록체인의 구루GURU로 불리는 심대표는 본격적인 디지털경제시대에 개인의 '가치'에 대해서 깊게 고민을 하고 이를 솔루션에 반영을 하기 위해 다양한 비즈니스모델들과의 콜라보를 활발하게 펼치고 있다. 파인아트가 가진 자산으로서의 가치에 어떻게 하면 유동성을 부여할 수 있을까를 고민하고 있는 나와 블록체인을 기반으로 한 개인의 지식과 데이터가 가치가 되고 실제 자산이 될 수 있는 방법에 대해 고민을 하고 있는 심대표와의 대화는 처음부터 깊어질 수밖에 없었다. 특히 가치와 자산의 유동성 부분에 있어서 말이다.

심범석 아트스탁이 보여주고 있는 유동성에 대한 고민이 의미가 큰 것 같다. 하루 이틀 고민을 한 것이 아니라고 느껴진다.

김진호 맞다. 하지만 그런 고민이 다양한 실패를 낳기도 했다. 누군가는 보석 같은 실패사례라고 하더라. 지금이야 마음이 쓰리지 않지만 당시에는 많이 힘들었다.

심범석 골드뱅크 이야기인가? 당시 골드뱅크가 내놓은 아이디어는 사실 혁신적이었다. 단순한 인터넷 광고를 리워드를 통해 가치로 만든 것은 많이 놀라웠다.

김진호 리워드라는 개념은 사실 너무나 당연한 것이었다. 인터넷 홈페이지에서 광고를 시청한 회원에게 수익의 10%를 돌려준다는 것이 1997년에는 혁신적이기는 했지만 지금과 비교를 해보면 너무나 일상적이고 당연한 것이다. 누구나 자투리 시간을 내서 광고를 보면 돈을 모을 수 있다는 것 때문에 골드뱅크는 당시 순식간에 증시까지 입성을 했었다.

심범석 맞다. 리워드라는 것이 마치 기업에서 이용자에게 큰 혜택을 주는 것 같지만 사실 기업과 고객은 한 몸이다. 고객에게 가치가 생겨야 기업이 발전하고 기업은 그 발전을 통해 재화를 획득하고 이를 다시 고객에게 흘려보내야 한다. 선순환 구조를 만드는 것이다. 이 부분은 지금 직톡이라는 비즈니스 모델의 핵심이다. 직톡이라는 플랫폼을 이용하는 창작자가 콘텐츠를 만들어 올리면 팔로워(소비자)가 시청을 하고 '좋아요'를 클릭한다. 그러면 블록체인 기술을 통해 창작자에게 직접 창작물에 대한 보상 제공이 토큰이라는 형태로 이루어진다. 그것뿐 아니라 이 콘텐츠를 시청하는 시청자 역시 시청의 대가로 토큰을 리워드 받는다.

김진호 골드뱅크의 업그레이드 버전인 것 같다. 골드뱅크도 당시에는 인터넷 기반의 공동체라는 개념을 접목시킨 사업이었다.

심범석 그 동안은 우리가 오프라인에서 돈을 벌어서 인터넷 안에서 그 돈을 사용하는 단방향 구조가 일반적이었다. 하지만 디지털경제시대는 다르다. 요즘 Web 3.0시대라고 표현을 하는데, 인터넷 안에서 돈을 벌고, 인터넷 안에서 그 돈을 사용하는 양방향시대가 도래했다. 생산과 소비가 이 안에서 동시에 일어나는 것이다. 그리고 사실 당연한 것이기도 하다.

김진호 그건 전적으로 공감을 한다. 아트스탁은 기본적으로 창조와 재창조, 예술과 자산이 서로 영향을 주고받을 수 있는 구조로 설계가 되었다. 양방향의 구조다. 이 양방향 구조를 유지하기 위해 끊임없이 유동성을 부여하려고 한다.

심범석 맞다. 유동성이 핵심인 것 같다. 그런 면에서 유동성을 강화

할 수 있는 방향으로 아트스탁의 사업이 확장되어야 한다. 거래량을 늘릴 수 있는 다양한 방법들이 공급이 되어야 할 것 같다. 상장되어있는 작품들 역시 중견작가의 작품 위주로 되어있는데 이를 핫하고 유명한 작가들의 작품으로도 확장시켜야 한다고 생각한다. 거래 플랫폼에서의 유동성이란 매수와 매도가 끊임없이 일어나는 것이라고 생각을 한다.

김진호   그렇다. 해외작품과 신진작가의 작품, 그리고 누구나 알 수 있는 유명한 작가의 작품 역시 추후 상장을 하는 것을 기획하고 있다. 유동성적인 측면에서 반드시 필요하다. 지분거래 플랫폼 안에서 트래픽이 활발하게 일어나기 위해서도 필요한 부분이다. 아마도 그 도화선이나 마중물 역할은 충분히 할 수 있을 것이다.

심범석   그렇다면 국내 중견작가의 작품만으로 충분한 거래의 양, 즉 트래픽이 확보가 될 것으로 보이는가?

김진호   오히려 그 부분에 아트스탁이 가지고 있는 장점이 효과를 발휘한다. 아트테크, 즉 자산으로서의 예술품, 그리고 거래소에서 소유권이 활발하게 트래픽이 일어나려면 살아있는 자산이어야 한다. 주식거래소에 상장된 상장사와 비교를 하면 좀 더 쉽게 이해를 할 수 있다. 우리가 삼성전자나 애플 같은 이미 검증된 우량주에 투자도 하지만 이제 막 상장을 통해 성장을 시작한 기업의 주식에는 더 많은 투자를 한다. 오히려 트래픽은 신규 상장사가 더욱 많다. 그 가치의 상승 기대 때문이다. 아트스탁이 심사를 통해서 상장을 하는 작품은 예술 그 자체로서의 가치와 미술사적으로의 가치, 작가 자체의 가치, 그리고 자산으로서의 가치까지 모두다 고려가 된다. 지분거래 플랫폼을 이용하는 사용자들은 이 다양한 면을 보면서 연구하고 또 거래를 한다.

심범석   맞는 이야기다. 아트테크니까. 예술품을 감상하기 위해서 찾아오는 플랫폼이 아니라 이를 통해 자산을 획득을 하는 게 목표이니까. 우리가 코스피나 코스닥에 상장되어있는 가치 있는 기업들을 연구하는 것과 마찬가지로 아트스탁을 대해야 할 것 같다.

김진호   신뢰를 위해 그래서 철저한 분업 시스템을 유지한다. 작품을 심사하는 파트와 플랫폼을 운영하는 파트는 완전히 독립적으로 움직이고 결정을 한다. 플랫폼 입장에서는 이 가치가 있는 작품들을 찾아 지분거래 플랫폼으로 올 수 있는 다양한 고민들을 하고 있다. 마케팅 부분 같은 영역들.

심범석   아트스탁은 현재 이슈가 되고 있는 블록체인 기반의 NFT 자산과는 다른 형태이니 오히려 NFT 영역을 마케팅에 활용하면 될 것으로 보인다. 저작권은 아트스탁이 소유하고 있고,

실질 소유권은 이용자가 소유하고 있으니 해당 작품들의 NFT를 만들어 거래를 하는 이용자에게 제공할 수 있는 방법도 활용할 수 있을 것 같다. 또 해외의 유명한 미술품 조각투자 플랫폼인 메이세나스나 마스터웍스는 실제 거래되는 소유권과 NFT를 접목해 암호화폐에 미술품의 소유권을 담아서 거래를 할 수 있게 하고 있다. 이 부분을 잘 참고해서 우리만의 지분거래 플랫폼화를 시키는 작업이 이루어지면 좀 더 디지털경제 시대에 맞는 형태의 플랫폼으로 발전을 할 것으로 보인다. 물론 NFT거래소에서 이루어지고 있는 BOT 등의 시스템도 적절히 활용을 하는 것도 고려해 봐도 된다.

김진호 파인아트가 자산으로서 시대 속으로 들어올 수 있다면 무엇을 못하겠나.

심범석 블록체인은 기존의 중개자 역할을 하던 거대 플랫폼들을 거치지 않고 고객 간에 서로 가치를 주고받고 거기에 대한 대가를 간편하게, 민주적으로 주고받을 수 있는 것을 목표로 하고 있다. 자신의 가치를 제공하는 누구라도 정당하게 그 대가를 받을 수 있어야 한다는 것을 의미한다. 아트스탁은 이 구조 하에서 세워진 것 같다. 직톡이 인터넷에서의 활동이 단순 소비가 아닌 가치 창출로 연결되는 것을 목표로 하듯이 아트스탁 비슷한 유형의 가치 인터넷 비즈니스 모델들과 만나면 더욱 더 큰 시너지를 낼 수 있을 것 같아서 기대가 된다.

Interview

한국오라클
이제훈 Principle Consultant

　데이터가 가치가 되고 이 가치가 자산으로 손쉽게 전환이 되는 시대가 도래했다. 블록체인 기반의 NFT, 메타버스, VR/AR 기반의 콘텐츠들과 이를 담는 다양한 형태의 디지털 플랫폼들. 하지만 곰곰이 생각을 해보면 이 모든 것의 기본적인 구성요소들은 데이터이다. 한국 오라클의 이제훈 CP는 데이터 아키텍쳐 전문가다. 하지만 그 데이터가 일반대중들에게 가치가 되고 자산이 되고, 문화적 향유까지 연결이 되는 아트테크에 대한 깊은 관심과 애정이 있는 특이한 전문가이기도 하다. 오랫동안 아트스탁이 가지고 있는 기술적인 장단점을 큰 그림을 통해 짚어내는 조언들을 해주었고, 아트스탁이 플랫폼으로서 갖춰야 할 기술지향점들과 문화와의 연결을 예리하게 바라보는 그와의 대화는 그래서 즐겁기도 하고, 꽤나 아프기도 하다. 예리하니까.

이제훈   아트테크 바람이 거세다. 새로운 비즈니스 관점에서 사실 고무적으로 볼 수 있다. 단순히 아트테크에만 국한이 된 것이 아니라 비즈니스의 패러다임을 완전히 바꾸어 가고 있다는 것에 주목이 된다.

김진호   맞다. 마치 5차 산업혁명이 일어나고 있는 것 같은 생각마저 들 정도다. 5차 산업혁명을 4차 산업혁명이라는 결과물에 인간적인 요소가 추가되는, 인간과 디지털의 공존이라고 이야기를 하더라. 뭐 4차 산업혁명도 아직 제대로 자리를 잡았다고 볼 수도 없지만.

이제훈   NFT, 메타버스 같은 것들을 보면 이미 와 있는 미래라고 생각이 되기도 한다. 여하튼 새로운 크리에이티브 모델들이 지속해서 나올 것이고, 아트스탁이 아주 괜찮은 과도기적인 모델이라고 생각이 된다. 그 동안 일반적인 사람들은 미술품을 소유할 수 있는 기회 자체가 없었다. 그런데 그 틀을 바꾸어 버린 것만으로도 대단한 것이다. 단 1개의 SQ를 가지고 있어도 미술품의 소유주라는 마음, 소액으로 이 마음을 가질 수 있다는 것은 대단한 것이다.

김진호   고맙다. 하지만 플랫폼으로서의 기능에 대해 항상 부족함을 느낀다. 외향으로 느낄 수 있는 창의적인 부분, 편리함, 시대적인 의미들도 다 좋지만 그 안에 눈에 안보이게 움직이는 플랫폼의 내적인 시스템을 어떻게 업그레이드를 해야 할지에 항상 관심이 가있다.

이제훈 사실 상설 거래 시장이라는 플랫폼은 일정부분 비슷한 구조와 패턴, 그리고 기술적인 시스템을 가지고 있다. 코인거래소도 그렇고, 우리가 알고 있는 주식거래소도 마찬가지다. 하지만 다른 점은 아트스탁은 미술품이라는 독특한 자산을 다루는 플랫폼이라는 것이다. 그러니 당연히 정보가 중요하다. 그것도 단순한 인포메이션 수준의 정보가 아니라 미술품들의 지표, 관계자료, 분포도, 거래패턴 등의 데이터적인 지원들이 눈에 안보이게 반영이 되어야 한다. 그것이 고객들이 이용을 할 때 근거가 될 수 있도록 수시로 업그레이드가 되어야 하는 것도 필요하고. 결국 데이터 싸움이다. 이 데이터를 어떻게 양질의 데이터로 모으고, 이를 고객들에게 되돌려줄지를 고민하는 것이 플랫폼을 하는 사람들의 책무 아닌가.

김진호 맞다. 하지만 그런 고민은 있다. 현재의 아트스탁은 타 거래소와 연동이 되는 탈중앙화 시스템은 아니다. 향후 NFT 등과 연동을 해서 타 거래소들과 연계를 할 수 있는 큰 그림도 가지고 있다. 그러다보니 우리가 가지고 있는 고유한 데이터들을 어떻게 보호할지, 그 데이터들을 어떻게 지킬 수 있을지 고민이 되기도 한다.

이제훈 멋지다. 반드시 해야 하는 고민을 하고 있는 것이다. 가령 지금 가장 중요한 것은 DB~Data Base~에 대한 정확한 보호다. 특히 자산을 다루고 있으니까. 예를 들어 지금도 백업시스템들이 잘 구축이 되어있지만 정확한 DR~Disaster Recovery~정책들이 더욱 더 업그레이드가 되어야 한다. 특히 지역별이라든지, 원격의 형태라든지 여러 가지 형태까지 다 고려가 되어 서비스 재해가 발생할 경우 즉각적인 서비스 복구를 할 수 있는 백업을 해줘야 한다. 현재 아트스탁은 쉽게 거래가 되고, 가상화폐나 주식거래에 익숙한 사람은 쉽게 활용을 할 수 있는 기본적인 시스템적 장점들을 풍부하게 가지고 있다. 이 가치를 지킬 수 있도록 고민을 계속 해야 한다. 행복한 고민이라고 할 수 있겠지만 트래픽에 대한 대비 역시 잘해야 한다. 갑작스러운 폭증 말이다. 요즘 그런 대비가 미비한 플랫폼들은 고객의 외면을 받는다. 가령 서울에서 부산에 갈 때 항상 고속버스를 타고 가지 않지 않는가? 많은 사람이 갈 때는 고속버스를 대절해서, 한두 명이 갈 때는 승용차로, 때로는 승합차로 가는 것처럼 클라우드 서버를 오토스케일링 등의 기법으로 조절할 수 있는 기술들도 미리 다 세팅을 해놓아야 한다. 이렇게 고객관리차원에서 준비된 기업들이 롱런을 하는 것을 자주 보아왔다.

김진호 그 이야기를 들으니 가슴이 뛴다. 많은 고객들이 들어와 자신만의 자산을 획득하고 이를 가치 있는 다양한 자산플랫폼들과 연동이 되게 하는 것이 목표다. 이 기본을 지키면서 비즈니스를 확장하는 것이 중요한 것 같다. 특히 글로벌 확장을 염두에 두면서 다양한 기술적인 부분들을 고민하고 있는데 지금 이야기 한 부분은 놓치면 안될 것 같다. 특별한 자산을 모두의 자산으로 만들려면 말이다.

이제훈   맞다. 아트스탁이라는 플랫폼은 그래서 특별한 플랫폼이다. 시간과 정성이 들어가는 일이겠지만 확보되고 쌓이는 데이터들을 국가, 지역, 패턴, 성별, 연령, 취향 등으로 종합적으로 분석해서 끊임없이 정보제공을 해야 한다. 그러면 정말 다양한 사람들이 모여들고, 그들이 다시 새로운 데이터들과 자산들을 창출할 것이다. 김대표가 항상 강조를 했던 메디치 효과가 이 안에서 일어날 것이다.

아트스탁의 확장   ESG라는 당연성

2021년의 기업경영의 화두는 ESG 경영이었다. 'ESG'는 환경Environment, 사회Social, 지배구조Governance를 포함하고 있는 단어로, 인류와 함께 건강하게 지속가능한 경영을 할 수 있기 위해서는 기업이 환경을 보호하고, 사회적 가치를 중요하게 여기며, 투명하고 윤리적인 지배구조 개선을 실천해야 지속 성장이 가능하다는 의미를 담고 있다. 삼성전자, 현대차그룹, SK그룹, LG그룹 등 국내 4대그룹 모두 ESG를 위한 조직을 별도로 설치를 하고 기업의 사회적 책임, 탄소중립, 친환경 캠페인, 에너지 신사업 등 사회적인 가치를 실현하기 위해 다양한 활동을 펼치고 있고, 사회적 의식이 있는 스타트업 역시 - 마케팅 적인 이유도 있다 - ESG 경영을 통해 고객과의 접점을 지속적으로 늘려가고 있다. 참 바람직한 현상이고 기대되는 부분이다.

사회적 기업, 문화적 기업, 복지적 기업을 3기업이라 칭한다. 기업이 지속가능한 미래를 유지하려면 이 3가지가 사회와 시대와 연결이 되어야 한다는 것이다. 맞는 말이다. 하지만 더 확실하게 이야기를 하면 모든 기업들은 원래 이 3가지 가치 하에 만들어진 것이다. 기업은 이 가치를 공유하고, 그 가치 하에서 자산을 만들어 내고, 이 자산을 다시 시장에 공급하고, 공급된 시장에서 자연스럽게 만들어진 사회적 가치, 문화적 가치, 복지적 가치를 기업의 재창조의 동력으로 활용하는 것이다. 이 가치 없이 시작한 기업은 기업이 아니다. 장사치 정도라고 해야 할까? 아니다 솔직히 장사치도 괜찮은 장사치는 이 3가지를 가지고 있다. 하지만 그 동안 기업은 가면을 쓰고, 대중을 만났다. 욕망이라는 접점에서 대중을 만나 이익만을 취하는 형태였다. 하지만 기업은 언제나 대중에게 발생한 가치를 기반으로 세워지기 때문에 이 접점에서의 태도가 달라야 한다. 그 가치로 만들어진 것을 인정해야 한다.

아트스탁은 처음부터 그 기반으로 구축이 되어있다. 그리고 아트스탁을 구성하는 주요 요소인 미술가, 미술품, 이용자와의 접점이 이 기반으로 단단해지길 소원한다. 그리고 실제로 미술가들이 지속가능한 작품 활동을 할 수 있는 경제의 베네핏Benefit 구조, 이용자들이 간편하게 미술품이라는 자산을 획득하고 이 자산으로 손쉽게 거래할 수 있는 환경, 그리고 이 성공적인 모델이 해외 주요 국가나 도시를 거점으로 - 3년 후에 런던, 뉴욕, 홍콩, 도쿄 등을 1차 해외 거점으로 추진 중임 - 확산되어 그 지역의 대중들의 자산의 평등화에 도움이 되는 구조로 성장할 것이다. 그것이 아트스탁이라는 기업이 가진 가장 강력한 무기이기 때문이다.

아트스탁 1기 상장작가

정원-휴 2014
이존립, oil on canvas, 97×194(cm)

추급권이라는 단어에
숨겨진 나의 진심

 어느 날, 서양화가 문혜자 선생이 자신의 작품 60여점을 건네주었다. 당신의 꿈이 나의 꿈이니 반드시 그 꿈을 이루라는 몇 마디의 말을 그림 위에 얹었다. 이 그림은 자본이 되어 지금의 아트스탁을 구조화 시키는데 근간이 되었다. 아트스탁은 실제로 예술가들의 믿음과 파인아트라는 단단한 반석 위에 세워진 플랫폼이다. 누구든 단 한사람이 믿어주면 우리는 무엇이든 할 수 있다. 그렇게 삶을 함께 살아간다.

기업가는 재화를 획득해야 한다. 그리고 예술가는 예술생활을 지속할 수 있어야 한다. 자본과 예술은 우리 사회를 지탱하는 중요한 두 축이며 그래야 함께 살아갈 수 있는 것이다. 하지만 어느 한 쪽의 축이 무너져버리면 그 사회는 기울어진 상태로 기이하게 성장을 한다. 양극화, 불균형, 불평등, 불합리… 우리가 알고 있는 다양한 사회의 문제들이 이 기울어짐에서 발생을 한다. 기업가 재화를 획득하는 행위는 과정의 질에 상관하지 않고 얼굴에 철판을 깔고, 합리적, 비합리적, 윤리적, 비윤리적인 온갖 방법을 쓰면 획득이 가능하다. 하지만 예술은 가능하지 않다. 예술은 신이 주신 창조의 코드를 가지고 창조를 하는 행위다. 이 행위에 가치를 부여해 자산으로 만드는 것은 재창조의 영역에 있는 기업가의 몫이다. 따라서 기업가가 정상적인 사회구조 안에서 재화를 지속적으로 창출하려면 예술가와의 공생이 반드시 필요하다. 그렇게 되려면 결국 예술가가 지속가능한 예술활동을 할 수 있도록 기업가의 동역이 필수적이다. 기업가 자신을 위해서라도 반드시 그렇게 해야 한다. 문화예술이 사회전반에 자연스럽게 녹아있는 선진국들 중심으로 노블리스 오블리주Noblesse Oblige가 당연한 것은 이런 의미를 담고 있지 않은가 싶다. 그런 이유로 나는 추급권은 반드시 이루어져야 할 아주 기본적인 기능이라고 생각한다.

　　추급권追及權, Resale Royalty Right, droit de suite, 미술품 재판매권의 사전적 의미는 미술저작자가 원저작품을 최초로 양도한 이후에도 재

판매가 될 때에 수익의 일정한 비율을 분배받을 수 있는 권리를 말한다. 한-EU FTA의 의제이며 전 세계 82개국이 도입을 하고 있고 이미 전 세계적으로 확산이 되고 있다. 추급권의 도입은 창작자의 창작의욕 고취와 보다 나은 창작환경을 제공하는 연금과도 같은 역할을 한다. 또한 이를 통해 미술시장 자체의 투명성도 확보가 되고, 이미 추급권을 시행하고 있는 다른 예술장르와의 불평등도 해소할 수 있다. 아트스탁은 지분거래 플랫폼의 매도/매수 수수료 수입의 총 10%를 해당 작가에게 지급하는 구조를 가지고 있다. 이는 작가 사후 10년까지 지급이 된다.

박수근의 빨래터

이중섭의 황소

박수근 작가의 작품인 '빨래터'는 2007년 당시 국내 미술품 경매 사상 최고가인 45억2천만 원에 낙찰이 되었다. 하지만 1965년 51세를 마지막으로 세상을 떠난 박수근 작가는 이런 돈을 만져본 적이 없다. 오히려 물감 등의 재료를 구하기 위해 이 그림을 주었다고 한다. '황소'라는 그림으로 우리에게 널리 알려진 이중섭 작가 역시 담뱃갑 은박지에 그림을 그릴 정도로 생활고에 시달리다 향년 39세에 눈을 감았다. 하지만 2018년에 그의 작품은 47억 원에 낙찰되었다. 국내 미

술품 경매 사상 최고가를 기록한 작품 '우주'가 131억원에 팔려나갔지만 김환기 작가 역시 극심한 생활고에 시달렸다고 한다.

(2020.12.26 / 경향신문 기사 중 발췌)

　미술품과는 달리 원작과 동일한 복제를 통해 확산이 될 수 있는 음악, 영상, 출판물은 저작권이 인정이 되어 그 대가가 원작자에게 돌아간다. 하지만 미술품은 원작의 유일성으로 인해 한번 원작이 팔리면 더 이상 그 작품으로 돈을 벌 수 있는 구조가 없다. 작가는 물론 작가 사후에도 원작자나 유족에게 돌아가는 것은 전혀 없다. 미술계에서는 꾸준히 추급권 관련 입법의 노력이 있지만 아직까지 법제화 되지는 못한 상태이다. 하지만 문화체육관광부가 2018년에 발표한 '미술진흥중장기계획'에 2022년까지 추급권을 도입하겠다는 기본 정책방향이 포함되어 있어 일말의 기대를 가지고 있다.

　국내에서는 추급권이라는 용어조차 낯설다. 하지만 미술품 재판매 시 판매금액의 일정 부분을 원작자에게 돌아가게 하는 이 제도는 세계적으로는 일반화되어 있다. 1920년 프랑스가 최초로 추급권 제도를 도입한 이후, 벨기에, 이탈리아, 영국, 독일 등 EU 회원국 전체는 미술가들을 위한 추급권을 적용하고 있는데, 일반 저작권들이 작가 사후 70년까지 인정하는 것과 동일하게 적용되고 있다. 추급권의 도입은 예술가들의 지속가능한 예술활동을 보장하는 아주 기본적인 역할도 하게 되지만 기본적으로 미술시장 자체의 투명성을 확보할 수 있다는 점에서도 도입이 시급하다고 할 수 있다. 국회입법처의 한 입법조사관이 언론과의 인터뷰에서 "국내 미술시장은 작가와 소비자가 직접 거래하는 1차 시장과 갤러리 또는 중개인에 의해 거래되는 2차 시장, 국제적인 유통이 이루어지는 3차 시장으로 분류할 수 있는데. 3차 시장은 거래 상황을 검증할 수 있지만 1·2차 시장은 정보가 정확하지 않고 거래 역시 불투명하다. 따라서 미술시장의 투명성은 추급권 도입을 통해 발생하는 기대효과이기도 하다"고 밝혔다. 과거 음원에 대한 저작권을 도입했을 때와 비슷한 저항은 있을 것이다. 추급권이 시장을 위축시킨다는 미술품 유통업자들의 반대도 여전하다. 하지만 반드시 기억을 해야 할 점은 자본과 예술의 두 축 중 하나가 무너지면 결국 그 피해 역시 고스란히 기업가에게로 간다는 것이다.

예술인들의 생활고 해결을 위한 아트 파이낸스 서비스 중 예술품 담보대출이 있다. 해외에서는 약 250억 달러, 우리 돈으로 26조 정도 규모의 담보대출이 이루어지고 있다. 이 데이터에 근거해 예술인들이 예술품 담보대출을 받으면 생활고의 해결이 가능할 것이라고 주장하는 사람들이 있다. 하지만 해외에서의 예술품 담보대출은 예술가에게 돌아가는 것이 대부분 아니다. 그 제도를 활용하는 사람들은 대부분 고가의 예술품을 소장하고 있는 소장가들이다. 또한 자신의 예술품을 팔지 못해 생활고에 시달리는 예술인들의 예술품을 담보로 하는 리스크를 감당하고 대출을 진행할

대출기관이 얼마나 있을까? 차선으로 국가가 예술품 담보대출을 보증을 한다면 이를 악용하는 대출기관이나 예술가 역시 나타날 것이다. 담보대출을 위한 예술품이 등장하는 경우까지 발생할 수도 있다. 그리고 거기에서 발생하는 책임은 국가가 고스란히 떠안게 된다. 끔찍하다. 우리 사회를 유지하는 한 축이 썩어 문드러지는 것이다. 그렇다고 예술인의 지속가능한 작품 생활을 복지적인 측면으로만 접근해 해결을 하자는 것 역시 근본적인 해결은 아니다. 복지라는 것은 보편적이어야 한다. 보편적인 복지는 사회전체의 분위기나 수준을 보편적으로 끌어올릴 때 가능한 것이다. 그렇게 하기 위해서는 사회적 선순환 구조를 만들어야 한다. 당연히 단 한 번에 급격하게 변화시킬 수 없다.

그래서 아주 조금 낫게 만드는 것이다. 황금알을 낳는 오리의 배를 가르는 행위를 반복하는 것은 이제 그만하고 이제는 황금오리를 키워야 한다. 한류는 어느 날 갑자기 찾아온 것이 아니고 피땀으로 뿌려놓은 황금오리알들이 부화를 하기 시작한 것이다. 창조의 코드와 가치의 코드를 맞추기 위한 시작이 추급권이라고 이야기를 한다면 지나치게 이상적인 것일까?

Interview

서양화가
문혜자

올해 78세가 되는 대한민국의 대표적인 여성 서양화가인 문혜자 작가는 조각가로 작품 활동을 시작했고 상당히 유명하기도 했다. 하지만 지금은 회화 분야에서 전방위적으로 활발하게 활동을 하고 있다. 문혜자 작가는 리듬, 빛 등의 비물질적인 대상을 꾸준히 화폭으로 옮기는 작업을 해왔다. 그녀의 작품에는 음악이 흐르고, 비움의 철학이 흐른다. 그녀가 비워낸 공간에서 상상력이 자라난다. 그 자라난 상상력이 또 다른 공간을 만들어낸다. 55년 동안 작품활동을 한 그녀가 인생을 푹 퍼 담아서 나에게 건넸다.

김진호   아트스탁은 문혜자 선생의 인생으로 기초를 다진 플랫폼이다. 지금도 자신의 인생이 담긴 작품들을 아무 조건 없이 건네주고 그 작품들을 통해 플랫폼을 탄탄하게 구축할 수 있게 해준 것에 대해 무한한 감사를 보낸다. 누군가 한 사람이라도 나의 진심을 믿어주고 그 진심에 삶을 더해주는 것은 정말 큰 힘이다. 앞으로 나아가게 하는 힘이다.

문혜자   그럴 수 밖에 없었다. 2019년 마루아트센터 초대전에서 관장이 나의 대작들과 화집들을 눈여겨보고 있다가 다음해에 김진호 대표를 소개했었다. 그렇게 아트스탁의 첫 전시회에 참여를 했었다. 그때 만난 김진호 대표는 눈이 빛나고 말수가 적지만 예리하고 무엇보다 문화를 바라보는 수준이 높아서 좋았다. 미술에 대해서 잘 알고 있는 것보다 문화예술의 소중함을 알고 있는 사람이라고 표현을 해야 할까? 그리고 두 번째 전시, 세 번째 전시를 통해 내 확신에 힘이 생겼다. 사실 그때 나의 작품들은 전혀 판매가 되지 않았었다. 그럼에도 불구하고 작가가 최고의 컨디션을 유지할 수 있도록 조용히 격려해주는 사람이 김진호 대표였다.

김진호   과찬이시다. 55년 동안 미술가로 활동하시면 얼마나 많은 것들을 비워내셨는지 사실 나는 상상도 되지 않는다. 나는 지금도 미술에 대해서는 문외한이다. 50년 이상을 한길을 걸어온 분을 어찌 경외하지 않을 수 있단 말인가. 그런 분이 자산으로서의 미술품을 거래하는 플랫폼을 만든다고 했을 때 어떠셨는지 항상 궁금했다.

문혜자   그 부분은 맞는 것 같다. 나는 사실 비우는 것에 익숙하다. 아는 것처럼 나는 조각가로 오랜 시간을 활동했고, 명성도 얻었다. 내가 만들어낸 모든 조각품들은 전부 판매가 되고 나에게는 하나도 남아있는 것이 없다. 55년을 작품생활을 해왔는데 어쩌면 이렇게 단 하나의 작품도 나에게 없을 수 있을까하는 생각이 들 정도다. 조각가로서의 삶을 48세에 접고 그림공부를 하러 미국에 건너갔다. 그리고 3년 동안 색채학과 추상화를 배웠다. 한번 비우기 시작하면 비우는 게 쉬워진다. 그런데 내가 모든 부분을 사랑하는 사람에게 무언가를 건네는 것이 뭐가 어렵겠나. 게다가 작품을 만드는 사람의 입장에서 불공정하다고 생각되는 미술계의 오래된 관행들까지도 바꿀 수 있는 플랫폼을 만든 게 아닌가. 그 기초가 되었다고 하니 나로서는 기쁘기 한량없다.

김진호   55년간 작품생활을 하신 분이 불공정하다고 생각한다면 진짜 불공정할 것일 텐데. 미술계의 불공정한 관행은 결국 시장과 관련된 부분인가?

문혜자   당연하다. 나는 작품판매에 연연을 하지 않으려고 하지만 대한민국은 생각보다 아주 불공정한 구조로 되어있다. 작품의 가격이라는 것이 자연스럽게 형성이 되어야 하는데 우리나라는 일부 평론가라든지, 갤러리라든지, 특정한 그룹들이 자신들의 구미에 맞는 작가와 작품들을 줄을 세우고 작품의 가격을 의도적으로 조종한다. 그 그룹에 속하지 못하는 사람들은 고전하게 만들어 버린다. 그런데 아트스탁은 사용자에 의해서 자연스럽게 가격이 형성되는 구조 아닌가. 좋은 작품이 인정을 받을 수 있고 자산으로서의 가치까지 제대로 인정을 받을 수 있는 플랫폼이다. 그래서 더욱 기대가 되는 것이다.

김진호 아트스탁을 처음 시작한 것은 자산의 평등의 도구로서, 그리고 새로운 일반자산을 확산시키는 모델로서 가장 적합하다는 생각이 들어서였다. 문서생님의 이야기를 들으니 어깨가 무거워진다.

문혜자 무거워져야 한다. 그리고 더 무거워질거다. 하지만 그 무게는 감당할 수 있는 사람에게 주어지는 것이니 염려할 필요 없다. 추급권을 도입한다는 것 역시 마찬가지다. 추급권 도입은 미술계가 오래전부터 원하고 추진해왔지만 번번이 실행단계에서 이루어지지 못했다. 그런데 기업에서 자기의 이익을 나눠서라도 도입을 하겠다는 것이다. 분명히 선한 영향력이 생길 것이라고 생각한다. 아마도 조금 시간이 지나면 많은 작가들이 아트스탁에 상장을 하고 싶어지게 될 것이다.

그런면에서 보면 나는 아주 괜찮은 투자를 한 게 아닌가? 그러니 끝까지 했으면 좋겠고 그렇게 할 것이라고 생각한다. 김대표가 항상 이야기를 하는 것처럼 실패는 실패가 아니니 끝까지 하기만 했으면 좋겠다.

에필로그

미움 받을 용기를 내는 이유

미술로 돈을 벌기를 바라는 마음

　모든 자산에는 위험성이 있다. 안전자산이라고 불리는 것들 역시 하나도 빠짐없이 위험성은 있다. 하지만 대중들은 자신이 보유하고 있는 자산이 가지고 있는 고유한 위험성보다 시대와 시장에서 발생을 하는 위험성을 더욱 심각하게 생각을 한다. 포스트 코로나 시대, 뉴노멀 시대로 들어서면서 그 생각들은 더욱 공고해졌다. 주식이나 채권, 부동산 같은 전통적인 투자자산의 변동성들이 확대가 되고 있기 때문이다. 게다가 연이어 수익률까지 낮아지니 모두다 혈안이 되어 대체투자자산을 찾는다. 이에 발맞춰 미국, EU 등 문화예술산업이 발달된 국가 중심으로 미술품은 이미 대체투자자산으로서의 가치를 인정받고 있고, 이 분위기는 지속적으로 확산 되고 있다. 해외의 연기금 같은 경우 미술품을 투자 포트폴리오에 적극적으로 추가하고 있고, 그 투자금액을 지속적으로 늘리고 있으며, 미술품이 가지고 있는 높은 수익률과 분산투자를 통한 리스크의 감소도 수많은 분석에 의해 입증되고 있다.

그동안 대한민국에서의 미술품은 대체투자자산이 아니었다. 정확한 정보의 부재, 가격 산정 자체의 객관성 불투명, 투자 손실에 대한 리스크와 유동성의 부족으로 인한 지속가능성의 한계 등을 이야기하며 쉬이 자산으로 인정하지 않는 분위기였다. 그 시선은 투자자도, 예술가도, 업계 관계자까지도 동일했다. 하지만 역사에서, 시대에서, 세대에서 볼 수 있듯이 미술품은 아주 좋은 자산이다. 오히려 위기에서 더욱 큰 빛을 발하는 자산이다. 우리의 일상에 가장 가깝고 깊게 스며들어야 하고, 그렇게 되고 있는 자산이다. 그렇게 아트스탁은 그 미술품이 일반자산으로 우리의 일상에 자리매김을 할 수 있도록 아주 조금씩 나아가고 있다. 이 사업 아이템을 처음 떠올렸을 때도, 시간을 쪼개며 토론하고 회의하며 비즈니스 모델을 구축했을 때도, 미술계에서 욕을 먹고, 일반투자자들에게는 조롱을 받고, 대중들에게는 외면을 받을 때도 우리는 조금씩 나아갔다. 그렇게 우리의 역할을 한 것이다. 예술가는 예술가의 일을, 아트스탁은 아트스탁의 일을 한 것이다.

아트스탁이라는 지분거래 플랫폼이 아트테크의 대표적인 거래 시장으로 자리매김을 하는 데는 3년 정도의 시간이 걸릴 것이다. 더 빨라지길 원하지도 않지만 더 빨라질 수도 없다. 한 시대를 풍미하다가 사라진 미술품 거래 플랫폼을 원하는 게 아니라 일반자산으로의 미술품의 가치를 제대로 거래하는 일상적 플랫폼이 되길 원하기 때문이다. 우리의 삶 속에서 자산과 미술을 떠올렸을 때 자연스럽게 연동이 되는 플랫폼이 되어야 하기 때문이다. 이 미술품이라는 자산이 가가호호에 구비가 - 실물이든, 소유권이든, NFT이든 - 될 수 있도록 지속해서 업데이트를 해 나갈 것이고, 10년이 지난 후에는 모든 미술품의 거래는 아트스탁 또는 아트스탁과 유사한 형태의 플랫폼에서 거래가 이루어 질 것이다.

무엇보다 내가 예상하는 것 이상으로 많은 플랫폼들이 만들어지길 소망한다. 각자의 특성을 가지고 말이다. 코스피가 존재하고, 코스닥이 존재하고, 코넥스가 각기 다른 시장을 품기 위해 존재를 하고 있는 것처럼 시장은 더 활성화 되어야 하고 더 커져야 한다. 하지만 그 어떤 플랫폼도 아트스탁을 따라올 수는 없을 것이다. 절대적인 리딩기업이 되어 있을 것이다. 아트스탁은 이미 일상과 시장에 스며들어가 있을 테고, 소통의 선점을 하고 있을 테니까 말이다.

또한 전체 국민의 1.14% 정도가 아트스탁 또는 아트테크와 직간접적으로 연관이 되어있을 것이다. 국민소득 대비해서는 여전히 크지 않겠지만 2021년에 대비하면 무려 200배의 성장이다. 무엇보다 아트스탁 또는 아트테크에 네거티브한 사람들 또한 네거티브한 형태로라도 아트테크에 참여를 하고 있을 것이다. 그것이 나의 기대이고, 중장기 전략이다. 그렇게 지경이 넓어지는 것이니까.

아트스탁의 미술사적 가치는 사실 주식시장을 처음 만들어내었을 때와 비견될 정도의 획기적인 발견이다. 파인아트가 소유의 민주화로 응집이 되었을 때 예술가들의 창작활동이 폭발이 되었었던 역사의 증거처럼, 아트스탁은 소유의 민주화를 통해 소모가 크고 기회비용이 지나치게 많이 드는 혁명을 막는 역할을 할 것이다. 이 새로운 자산의 유동화라는 과정을 통해 혁명의 부재를 문화와 예술로 채울 것이다. 또 문화와 예술은 자산을 공고히 할 것이고.

인생을 뒤돌아볼 만큼 오래 살았다고는 할 수 없지만 그럼에도 불구하고 잠시 인생을 뒤돌아보니 나에게는 최초라는 타이틀이 조금은 있다. 1998년, 인터넷 공모를 통해 10억 원의 자금을 모집하는데 성공을 했었다. 이 최초의 사례를 당시 인텔의 회장이었던 앤디 그로브Andy Grove가 미디어를 통해 언급하면서 한차례 유명세를 치른 적이 있다. 1999년, 인터넷금융을 하겠다고 상호신용금고를 인수해서 사이버금융이라는 소리를 처음으로 하고 다닌 적도 있다. 또 벤처기업 최초로 프로농구단을 인수를 한 기억도 있다. 처음으로 구단주 전체 회의에 참석을 했다가 나이차가 40년 정도는 족히 되는 다른 구단주들 앞에서 꽤나 뺄쭘했던 기억도 있다. 이 최초의 기록에 하나 더, 아트스탁을 보탠다. 그냥 세계최초의 미술품 상설거래 플랫폼이라는 타이틀을 하나 보태는 것이 아니라, 미술품이라는 예술적·문화적 가치, 미술품 소유를 통해 만들어지는 실물자산의 가치, 미술품의 소유권을 상설 거래함으로서 만들어지는 유동성의 가치, 이를 통해 이루어지는 자산증식의 가치를 모두 반영하는 최초의 미술투자플랫폼으로 기록될 것이다. 나는 그것을 '감동의 총합'이라고 표현을 한다. 아트스탁은 감동의 총합이라는 유일성을 가진 플랫폼이며, 이 감동의 총합을 통해 돈을 벌 수 있는 환경을 제공한다. 인플레이션의 위협이라는 시대적 물음표 속에서 오히려 미술품 거래시장은 더욱 확장되고 있다. 이 시장에 제대로 된 굵고 선명한 느낌표로 자리매김할 것이다.

그럼에도 불구하고 당분간 미술계는 나를 미워할 것이다. 작가들 역시 나를 많이들 미워할 것이다. 우리 회사도 미워할 것이다. 아트스탁에 상장되지 못했거나 상장 의뢰 자체가 가지 않은 작가들은 그 결과에 동의를 하지 않을 것이고 나와 아트스탁을 공격하고 미워할 것이다. 또 기존의 미술계 시스템 안에서 삶을 영위하던 사람들 역시 나를 미워할 것이다. 하지만 이 미움이 나와 아트스탁을 앞으로 나아가게 한다. 미움을 받을 수 있는 용기를 내는 게 아니다. 우리는 미워하지 않길 바라면서 앞으로 나아가는 것이다. 진심이 전해지길 기대하면서 말이다. 어차피 인류의 역사는 미움을 받으면서 한 발짝을 뗀 사람들의 이야기 아닌가. 하지만 시간이 지날수록 우리를 미워하는 대상은 줄어들 것이다. 코스피나 코스닥을 미워하지 않는 것처럼 말이다.

나는 지금도 나의 객관화를 놓칠까봐 두렵다. 그래서 객관화를 날마다 각성한다. 강한 신념은 오히려 일을 망친다. 하지만 객관화는 시대와 시장에 적합한 것을 찾아내게 하고 나를, 아트스탁을 1SQ라도 앞으로 나아가게 한다. 우리가 익히 알고 있는 모순은 모순대로 받아들이고, 여기에서 생기는 딜레마는 딜레마로 받아들이고 1SQ라도 앞으로 나아가려고 한다.

우리는 그렇게 예술가들과 함께 신의 코드를 나누어 가졌다. 이제는 그 코드를 나누어 드린다. 그것을 위해 오늘 아주 조금만 더 앞으로 나아가겠다. 미움을 받으면서 실패를 하면서도 날마다 1SQ만 나아가겠다. 이게 나의 진심眞心이고 아트스탁의 전심全心이다. 아... 어쩌지... 그럼에도 불구하고 자산이라는 욕망이 흘러가기 시작했다.

참고문헌

책

박민영, 〈MZ세대라는 거짓말〉, 미래세대, 2022
이지혜, 〈나는 미술관에서 투자를 배웠다〉, 미래의창, 2021
매슈 O. 잭슨, 〈휴먼네트워크〉 바다출판사, 2021
정구태, 〈새로운 시대의 부, 디지털 자산이 온다〉, 미래의창, 2021
노정동, 이미경, 〈소수점 투자〉, 책들의정원, 2021
손영옥, 〈미술시장의 탄생〉, 푸른역사, 2020
김영훈, 〈르네상스를 이끈 메디치 사람들〉, 북스힐, 2020
강문종/김동건 외, 〈조선잡사〉, 민음사, 2020
홍춘욱, 〈7대 이슈로 보는 돈의 역사2〉, 로크미디어, 2020
이본 쉬나드, 〈파타고니아, 파도가 칠 때는 서핑을〉, 2020
마커스 드 사토이, 〈창조력 코드〉 북라이프, 2020.07.15
다나카 야스히로, 〈부의 지도를 바꾼 회계의 세계사〉, 위즈덤 하우스, 2019
괴츠 W. 베르너, 〈철학이 있는 기업〉, 센시오, 2019
양정무, 〈난처한 미술 이야기〉, 사회평론, 2017
이길상, 〈메디치 가문 이야기〉, 현대지성, 2017
로데베이크 페트람, 〈세계최초의 증권거래소〉, 2016
예병일, 〈세상을 바꾼 전염병〉, 다른, 2015
박성민, 〈백만불 짜리 개미경제학〉, 다산북스, 2009
조규희, 〈장승업과 옛 그림 읽기〉, 2007
프란스 요한슨, 〈메디치 효과〉, 세종서적, 2005
이만재, 〈해상화파〉, 미술문화, 2005
조정육, 〈신선이 되고 싶은 화가 장승업〉, 아이세움, 2002
유홍준, 〈화인열전2〉, 역사비평사, 2001

보고서

K-ART MARKET, 〈2021 아트바젤 마이애미비치, 그리고 지금 미술시장〉, 2022
K-ART MARKET, 〈팬데믹 2년 차, 2021년 하반기 미술시장 주요 이슈와 변화〉, 2022
K-ART MARKET, 〈팬데믹 2년 차, 2021년 세계 미술시장 움직임〉, 2021
K-ART MARKET, 〈2021년 국내경매시장 리포트〉, 2021
K-ART MARKET, 〈주요 온라인 아트마켓 플랫폼〉, 2021
서울옥션, 케이옥션, 〈한국미술시장 경매가 톱5〉, 2021
KB금융지주 경영연구소, 〈한국부자보고서〉, 2021
Art/Basel, 〈The Art Market 2020〉, 2021
유진투자증권, 〈MZ세대〉, 2021
예술경영웹진462호, 〈미술시장, 온라인 플랫폼의 가능성과 한계〉, 2020
금융경제연구원, 〈자산가격과 유동성간의 관계분석〉

언론보두

KBS, 〈청년들이 뽑은 최대 현안 '자산 격차 해소'〉, 2022.01.01
조선일보, 〈홍기훈, 박지혜의 아트파이낸스 인사이트〉, 2019-2021
IT동아, 〈미술품 분할 소유권 플랫폼의 지금과 미래〉, 2021.12.17
동아일보, 〈떠오르는 '예술품 조각 투자', 국내외 주목할 만한 사례는〉, 2021.12.10
핸드메이커, 〈이탈리아 르네상스를 꽃피운 위대한 유산, 메디치 가문〉, 2021.12.02.
경향신문, 〈미술작가의 저작권 '추급권' 도입될까?〉, 2020.12.26
서울문화투데이, 〈미술시장 온라인 플랫폼 가속화〉, 2020.08.28
MK증권, 미술시장 '언택트 열풍', 2020.06.04
위클리 공감, 〈참 인상적이네〉, 2019.10.28.
국민일보, 〈상하이 화풍 최대 수혜자 장승업〉, 2019.09.30
한겨레, 〈돌팔매 맞다 다이아몬드가 된 인상파〉, 2014.05.08

아트테크&아트스탁 이야기
더 나은 삶을 위한 미술투자

초판 1쇄 발행 2022년 3월 4일
개정 1쇄 발행 2022년 6월 30일

지은이 김진호 이시우
펴낸이 최현희
펴낸곳 샵북
디자인 프로토피아

출판등록 2021년 2월 2일 제25100-2021-000009호
주소 서울특별시 광진구 자양로 135 202-3
홈페이지 www.podman.co.kr
이메일 master@samzine.co.kr
전화번호 02-6272-6825

ⓒ 김진호 이시우, 2022
ISBN 979-11-979278-0-5

※ 잘못된 책은 구입한 곳에서 교환해드립니다.
※ 가격은 뒷표지에 있습니다.